Petrus Ceelen | **Gut, dass es dich gibt**

Petrus Ceelen

# Gut, dass es dich gibt

Jesus spricht
mit Menschen von heute

Kösel

2. Auflage 2003

Druck und Bindung: Kösel, Kempten
Umschlag: Kaselow-Design, München
Umschlagmotiv: Getty Images/David Roth
ISBN 3-466-36602-X

*Gedruckt auf umweltfreundlich hergestelltem Werkdruckpapier (säurefrei und chlorfrei gebleicht)*

# Inhalt

# Hinführung

Allerseelen. Ich sitze abends mit meiner Frau im Dom und sehe von weitem den Bischof und die hochwürdigen Herren im Chorraum. Ich höre die trockenen Gebete und auch die Fürbitten werden glatt abgelesen. Kein persönliches Wort, keine menschliche Geste, kein Lächeln, kein Funke Freude, nicht einmal bei der Frohen Botschaft unseres Herrn Jesus Christus.

Wie würde er diese tote Totenmesse und leblose Liturgie miterleben? Ich sehe ihn wutentbrannt aufstehen, um den hohen Herren die Leviten zu lesen. Ich höre Jesus lauthals zum Himmel schreien. Oder würde er weinend hinausgehen?

Ob Jesus überhaupt in der Kirche wäre? Als braven Kirchgänger kann ich ihn mir nicht vorstellen. Vielleicht ginge er in die Kirche, wenn sie leer ist. Vorausgesetzt die Tür stünde offen. Und was würde Jesus dem Pfarrer einer verschlossenen Kirche sagen?

Uschi erzählt mir in der Vesperkirche, dass ihr der Geldbeutel hier geklaut wurde. »130 Euro. Und der Monat ist noch so lang. Und ich kann meinen Hund doch nicht verhungern lassen. Jetzt muss ich wohl wieder anschaffen gehen.« Ich weiß nicht, was ich dazu sagen soll. Schließlich höre ich solche Geschichten jede Woche ein paar Mal. Was würde Jesus jetzt sagen? Diese Frage stelle ich mir oft und sie hilft mir manchmal, das richtige Wort zu sprechen. Oft braucht es ein offenes Ohr, dass ein Mensch sich aussprechen, ausklagen, ausweinen kann, so wie Tanja bei Jesus. Die Drogenabhängige spricht ihn auf dem Strich an ...

Bei der Gerichtsverhandlung verkündet der Richter gerade das Urteil. Im Namen des Volkes. Aber nicht in meinem Namen, würde ich am liebsten rufen. Doch ich traue mich nicht. Jesus hätte hier den Mund nicht gehalten. Ich höre, wie der Richter ihn zurechtweist und ihm eine Ordnungsstrafe androht. Als Jesus weiter gegen das Urteil protestiert, wird er aus dem Gerichtssaal geführt. Aber damit ist der Richter Jesus nicht los. Eines Tages trifft er ihn.

Das Leid der Schwulen und Lesben macht mich betroffen, trifft mich als Mann der Kirche. Muss ich erst Aids haben, um von deiner Kirche angenommen zu werden? Die Frage ist peinlich, sie tut mir weh. Im Gespräch mit einem Schwulen bringt Jesus seine Botschaft zur Sprache: Du bist angenommen, geliebt, so wie du bist.

Eines Tages spricht Jesus mit einem Bischof. Aber der Würdenträger erkennt ihn nicht. Jesus und die Kirche: ein Kapitel für sich.

Mich zieht's immer wieder in eine Buchhandlung. Dort sehe ich, wie der Bereich Theologie/Christentum immer weiter zusammenschrumpft. Dagegen nehmen Buddhismus und Islam immer mehr Platz ein. Ganze Regale sind voll mit Esoterik, Geistheilung, Yoga, Tai Chi, Reiki, Tarot, Horoskop ... Jesus hat einen schweren Stand im Bücherregal. Vielleicht ist er deshalb in den Buchladen gekommen und spricht mit der Buchhändlerin.

Was ist mit dem Menschen, der nicht über so viel Zeit und Geld verfügt, um teure Bücher zu kaufen? Muss man tatsächlich so viel wissen, um zu verstehen, wer Gott ist? Den Weisen bleibt vieles verborgen, was Jesus den einfachen Menschen offenbart. Das Gespräch Jesu mit einem Kind ist eine Offenbarung.

Nicht zufällig denke ich beim Gespräch Jesu mit einer alten Frau an meine Mutter. Sie starb während der Drucklegung dieses Buches in ihrem hundertsten Lebensjahr: Sie hat dreimal so lange wie Jesus gelebt. Ich höre meine Mutter schon sagen: Mein lieber Jesus, wenn zwei deiner fünf Kinder gestorben wären, hättest du dann die Trauernden selig gepriesen?

Die Abstammung Jesu interessiert einen Ahnenforscher brennend. Er ist Feuer und Flamme, als er mit dem Sohn der Maria sprechen kann. Doch der forsche Mann verbrennt sich fast die Finger und kann nicht annehmen, dass hinter dem menschlichen Rätsel ein göttliches Geheimnis steht.

Wie viel Jesus und einen Buddhisten miteinander verbindet, macht ihr Gespräch deutlich. Manchmal weiß man nicht, wer was sagt. Aber Jesus weiß, dass der Buddhismus uns einiges zu sagen hat.

Den Dialog zwischen Christentum und Islam kann man nicht auf ein paar Seiten abhandeln. Da gibt es so viele Missverständnisse, so viele offene Fragen. Aber so wie Jesus und ein Muslim hier miteinander reden, könnten auch wir mit unseren Muslim-Brüdern und -Schwestern ins Gespräch kommen.

Wovon leben wir? Vom täglichen Brot und von der Vergebung der Schuld. Wir leben von einem kleinen Lob und von einem Lächeln. So bittet die Kirchenkabarettistin: Unseren täglichen Witz gib uns heute. Als Jesus ihr ein paar Witze erzählt, hat die frustrierte Frau der Kirche endlich etwas zu lachen.

Der Künstler malt, übermalt immer wieder seinen Jesus. Ich habe dieses Kapitel dem Übermalungs-Künstler Arnulf Rainer gewidmet. Manche Widmung passt zum jeweiligen Kapitel, manche überhaupt nicht. Die Gesprächspartner Jesu sind frei erfunden. Gewisse Ähnlichkeiten mit lebenden Personen sind rein zufällig.

In den hier vorliegenden Gesprächen drückt sich mein Jesus- Bild aus. Es wurde durch die jahrelange Begegnung mit Gefangenen und Aidskranken geprägt.

Jesus ist mein Vorbild. So wie der »Freund der Sünder« möchte auch ich ohne Berührungsangst auf die Ausgestoßenen und Aussätzigen von heute zugehen und sie annehmen, so wie sie sind. So wie Jesus möchte auch ich mit den Menschen reden können, ohne Absicht, ohne Vorurteil, mit Witz und mit der Gewissheit, dass jeder Mensch von Gott geliebt wird, so wie er ist. Man möge mir nicht übel nehmen, dass es Petrus ist, der seinen Jesus hier sprechen lässt. Jesus selbst wird es mir nachsehen, denn er mag mich, so wie ich bin.

Liebe Leserin, lieber Leser, ich hoffe, dass »mein« Jesus dir hilft, mit »deinem« Jesus wieder ins Gespräch zu kommen und zu hören, was er dir sagt: »Gut, dass es dich gibt!«

*Petrus Ceelen*

# 1 Ein fleischloser Wortsalat

## Gespräch mit einer Buchhändlerin

Lieber Herr Jesus! Es ist das erste Mal, dass ich Sie hier in meiner Buchhandlung sehe. Gehen Sie nicht gerne in einen Buchladen?

*Ich schaue mir lieber draußen auf der Straße die Menschen an. In manchem Gesicht steht mehr geschrieben als in allen Büchern, die hier im Regal stehen.*

Trotzdem fühlen wir Buchhändler uns sehr mit Ihnen verbunden. Ich kann Ihnen kaum sagen, wie froh und dankbar ich bin, dass es Sie gibt. Sie sind wirklich ein ganz großer Gewinn für die Menschheit.

*Und für den Buchhandel.*

Tja! Wenn Sie nicht geboren wären, gäbe es kein Weihnachten. Und ohne das Weihnachtsgeschäft müsste mancher Buchladen schließen.

*Und was hat das Weihnachtsgeschäft mit meiner Geburt zu tun?*

Weihnachten ist das Fest des Friedens und wir hätten Ihnen schon längst den Friedenspreis des Buchhandels verliehen, aber Sie nehmen ja solche Ehrungen nicht an.

*Nein, danke.*

2000 Jahre nach Ihrer Geburt erscheinen immer noch neue Jesus-Bücher. Wie finden Sie das?

*Seltsam. Ich selbst habe ja nie ein Sterbenswörtchen geschrieben. Nun füllt meine Wenigkeit ganze Bibliotheken. Ich gehe unter in dieser Papierflut. Mir tun auch die unzähligen Bäume Leid, die meinetwegen ihr Leben lassen müssen.*

Zugegeben: Für ein »normales« Buch mit 1000 Exemplaren werden 730 Kilogramm Holz verbraucht.

*Wie vielen Wäldern hat dann die Bibel schon das Leben gekostet! Und wenn ich an die vielen Jesus-Bestseller denke, wird es mir ganz schlecht.*

Eine Zeit lang schienen Sie abgeschrieben, aber allein im letzten Jahrhundert wurden 20.000 Jesus-Titel veröffentlicht. Haben Sie denn wenigstens ein paar Jesus-Bücher gelesen?

*Mir reichen die Titel: Der wahre Jesus. Der katholische Jesus. Ein cooler Typ. Der Sohn Gottes. Der wirkliche Jesus. Jesus der Guru. Der ökologische Jesus. Der rote Rabbi. Der zensierte Jesus. Der Naturbursche aus N. Der richtige Mann. Jesus der Feminist. Der sanfte Rebell. Jesus für Atheisten. Der Gott-Mensch. Jesus der Vegetarier. Der lachende Jesus. Jesus der Psychotherapeut. Jesus der Hippie. Jesus der Narr. Fehlt nur noch: Jesus der Gummi.*

Die vielen Bücher sind doch auch ein Ausdruck des vielfältigen Facettenreichtums Ihrer Persönlichkeit.

*Das haben Sie schön gesagt, Madame. Aber glauben Sie mir: Ich wäre liebend gern wieder ein unbeschriebenes Blatt.*

Aber erfüllt es Sie nicht auch ein wenig mit Stolz, dass sich viele nach so langer Zeit immer noch so intensiv mit Ihnen beschäftigen?

*Sie wissen doch: Nichts Menschliches ist mir fremd. Vor allem freue ich mich auch für meine Mutter. Auf diese Weise wird sie wenigstens ein bisschen entschädigt für das, was sie mit mir durchgemacht hat.*

Ja, ich habe selbst Kinder und kann mit Ihrer Mutter gut mitfühlen. Wir Frauen lesen das Evangelium mit anderen Augen als Männer. Die lesen über manches hinweg, bei dem wir stehen bleiben.

*Sind Frauen die besseren Leser?*

Frauen sind intelligenter als Männer. Intelligenz kommt von »inter-legere«, dazwischen-lesen. Frauen vermögen zwischen den Zeilen zu lesen.

*Aber Sie verkaufen auch Bücher an Männer.*

Jesus-Bücher an den Mann zu bringen ist ein mühsames Geschäft.

*Wenn aber der Mann aus Nazaret eine Frau gewesen wäre ...*

Was wäre dann aus Jesus geworden?

*Erst recht ein Buch mit sieben Siegeln.*

Ja, Ihr Wesen ist und bleibt schwer verständlich. Und wer versteht schon Ihre Botschaft? Wie war denn Ihre Verbindung zur Sekte von Qumran? Der Bestseller »Die Verschlusssache Jesu«

hat viel Staub aufgewirbelt. Da sollen aufschlussreiche Texte der Qumrangemeinde durch eine Verschwörung im Vatikan geheim gehalten werden.

*Das hört sich wie ein Krimi an.*

Der Fall Jesus wird wohl für immer ungelöst bleiben. Und dann ist da noch eine andere Verschlusssache: Ihre Beziehung zu Maria Magdalena. Darüber sind schon viele Bücher geschrieben worden.

*Die Wahrheit steht auf einem anderen Blatt.*

Ist es nicht wahr, dass Sie zu dieser Frau ein persönliches Verhältnis hatten?

*Wahr ist, dass die Menschen immer nur das Eine vermuten. Aber das ist wohl menschlich. Von mir aus können die Leserinnen und Leser in mein Verhältnis zu Maria Magdalena hineinlesen, was sie wollen. Hauptsache ist, sie haben ein Verhältnis zu mir.*

Die Sünderin trocknet Ihre Füße mit ihren Haaren. Ihr Kommentar: Ihr sind viele Sünden vergeben, denn sie hat viel geliebt. Ein sehr tiefes menschliches Wort. Auch nicht-christliche Autoren heben immer wieder Ihre Menschlichkeit hervor: Jesus der Mensch. Der wahre Mensch. Der menschlichste Mensch.

*Ein Mensch, wie er im Buche steht ...*

Allein die Titel sprechen Bände: Was für ein Mensch! Das Urbild des Menschen. Der typische Mensch. Ein göttlicher Mensch. Der maßgebende Mensch. Der letzte Mensch.

*Kamen nach mir keine Menschen mehr?*

Aber keiner mehr so wie Sie. Sie sind die überragende Gestalt der Menschheitsgeschichte. Von Ihnen heißt es ja: Das Wort ist Fleisch geworden.

*Doch das Fleisch ist längst wieder Wort geworden. Ein fleischloser Wortsalat. Wie oft verstaubt, verfault, verwest das Fleisch gewordene »Wort Gottes« nicht im Bücherschrank!?*

Über niemanden ist aber mehr geschrieben worden als über Sie. Napoleon liegt an zweiter Stelle, weit abgeschlagen.

*Über viele Menschen wurde nie ein Wort geschrieben und dennoch kann ein Napoleon ihnen das Wasser nicht reichen. Wer sich dem Dienst am Nächsten verschrieben hat, ist der Größte.*

Sie haben den Ruf eines ganz großen Menschenfreundes. Zu Ihrer Zeit aber waren Sie sehr verrufen: Dieser Fresser und Säufer!

*Und heute heißt das: Auch Jesus aß gern und trank regelmäßig sein Gläschen.*

Die gute Nachricht für Kleinbürger.

*Und so lautet die Frohe Botschaft: Seid nett zueinander!*

Aber für einen normalen Menschen ist es doch auch schwer, Ihr Evangelium in sein Leben zu übersetzen. Alles zu verkaufen und den Feind zu lieben, ist das nicht zu viel verlangt? Ich kann es nicht.

*Aber Sie könnten doch wenigstens ein Wort umsetzen, von dem Sie überzeugt sind. Dadurch legen Sie mehr Zeugnis ab als andere, die meine Worte ständig zitieren.*

Was ist denn für Sie der wichtigste Satz im ganzen Evangelium?

*Geh hin und handle genauso.*

Wir handeln mit Ihren Worten und haben die Bibel zum meistverkauften Buch der Welt gemacht.

*Sie wissen doch auch, dass die Bibel der am wenigsten gelesene Bestseller ist. Wie viele Bibeln liegen weltweit unberührt in Hotelzimmern herum? Und wie viele Jesus-Bücher landen auf dem Flohmarkt. Spottbillig.*

Tut das nicht weh?

*Dem Autor tut es weh, sein Werk zwischen all dem Zeug und Ramsch wieder zu finden. Mir tun die vielen unzähligen Schreiberlinge Leid, deren Bücher vom Buchhandel gnadenlos verramscht werden.*

Darunter sind oft recht gute Bücher. Aber der Kunde kauft mit den Augen. Der Umschlag ist oft wichtiger als der Inhalt. Und viele Kunden wollen ein Buch der Bestsellerliste oder das Buch zur Fernsehsendung. Die Medien haben hier unglaublich viel Macht.

*Sie schreiben vor, was andere lesen.*

Das Buch ist Gott sei Dank auch als Geschenk immer noch sehr gefragt.

*Vor allem zu Weihnachten. Alle Jahre wieder das gleiche Spiel. Ich schenke dir etwas, damit du mir was gibst. Aber dein Geschenk soll nicht teurer sein als mein Geschenk. Schließlich möchte ich nichts geschenkt bekommen.*

Trotzdem möchte ich Ihnen doch wenigstens ein Buch schenken. Wie wäre es mit einer wertvollen Bilder-Bibel? Oder mit einer in Schweinsleder gebundenen Goldschnitt-Ausgabe des Evangeliums?

*Nein, danke. Denn dann müsste ich immer an das arme Schwein denken.*

Aber welches Buch hätten Sie dann gerne?

*Ihr Leben ist das einzige Buch, das ich lese. Es hat viele gute Seiten.*

## 2 Eine offene Kirche

### Gespräch mit einem Pfarrer

*Grüß Gott, Herr Pfarrer. Ich wollte eigentlich nicht zu Ihnen, sondern in die Kirche. Aber die ist zu. Ich stehe vor der verschlossenen Tür.*

Ja, wir haben bestimmte Öffnungszeiten.

*Ist der Vater im Himmel nicht zu jeder Zeit zu sprechen? Er hat doch immer Sprechstunde.*

Ich würde die Kirche gerne offen lassen, aber Sie glauben gar nicht, was alles gestohlen wird. Und wir haben nun mal einige wertvolle Schätze in unserer Kirche.

*Wo euer Schatz ist, da ist euer Herz.*

Ich schätze, dass der Opferstock schon mindestens zwanzigmal aufgebrochen wurde.

*Aber das ist doch kein Grund, die Kirche zu schließen! Wie sollen die Menschen einen Zugang zu Gott bekommen, wenn das Gotteshaus nicht zugänglich ist? Viele finden in den Kaufhäusern und Konsumtempeln nicht, was sie suchen. Wie viele sind auf der Suche nach dem tiefsten Grund, nach Gott.*

Dann sollen sie doch zum Gottesdienst kommen.

*Es gibt viele, die keine Kirchgänger sind. Sie gehen aber gern in die Kirche, wenn sie leer ist. Da stört sie niemand. Sie sitzen einfach da. Mitten im Alltagslärm kommen sie in der stillen Kirche ein wenig zur Ruhe. Die Ruhe tut ihrer Seele gut.*

Die Kirche ist doch mehr als ein Ruheraum.

*Freuen Sie sich doch, wenn gestresste Menschen sich in der Kirche ein wenig ausruhen. Manche möchten ein bisschen mit Gott reden oder ihm einfach Danke sagen. Andere bitten ihn um Hilfe oder zünden eine Kerze an.*

Kerzen kosten Geld. Und da haben wir wieder das Problem mit dem Stehlen.

*Ich habe damit kein Problem. Wer in der Kirche Geld klaut, der hat's nötig. Der ist wirklich arm dran.*

Oder zu faul zum Arbeiten.

*Ich weiß, dass viele das denken. Aber dass Sie das sagen, das ist bedenklich.*

Ich sage, was ich denke.

*Und Sie tun, was Sie sagen?*

Ich tue, was ich kann.

*Das ist schon sehr viel. Aber könnten Sie nicht noch mehr tun? Zum Beispiel die Kirche öffnen und die Armen mit offenen Armen aufnehmen. Sie könnten die Mühseligen und Beladenen einladen sich auf einer Bank hinzulegen.*

Kirche als Schlafraum. Es wird ja immer schöner.

*In der Kirche wird auch sonst viel geschlafen. Sie wissen schließlich selbst, wie schwer es ist, die Gerechten aus ihrem Schlaf zu wecken. Und was ist schon dabei, wenn da so ein armer Schlucker im Haus Gottes sein Nickerchen macht? Darüber kann unser Vater im Himmel doch nur lächeln. Sie wissen ja, den Seinen gibt's der Herr im Schlaf.*

Aber die Kirche ist doch nicht zum Schlafen da.

*Die Kirche ist für die Menschen da. Und darum soll sie auch offen sein für die Frauen und Männer, die vor Sorgen und Angst nicht schlafen können oder in der dunklen Nacht des Glaubens umherirren.*

Und was hilft ihnen da eine offene Kirche?

*Zumindest würden sie sich dort nicht so allein fühlen. Und dann gibt es noch die vielen, die nicht wissen wohin. In dieser Stadt liegen nicht wenige Frauen und Männer nachts auf der Straße und frieren. Letztes Jahr ist ein Mann vor einer Kirchentür erfroren. Das kann Sie doch nicht kalt lassen.*

Nein, der Fall hat mich sehr betroffen gemacht. Aber für solche Fälle ist doch nicht die Kirche, sondern die Stadt zuständig.

*Die Stadt lässt bei extremen Minus-Temperaturen nachts die öffentlichen Toiletten offen ...*

Und sie sorgt im Winter für Notquartiere, wo nicht einmal alle Plätze belegt sind.

*Waren Sie schon einmal in so einer Notunterkunft? Dann würden Sie verstehen, warum manche Obdachlose lieber für sich allein bleiben, als die Nacht unter lauter Betrunkenen zu verbringen.*

Wenn die Kirche Tag und Nacht geöffnet wäre, würde eine Menge Dreck hereingeschleppt werden.

*Der Vater im Himmel schaut nicht auf die Füße, sondern ins Herz.*

Aber ich bin sicher, dass ihm eine saubere Kirche besser gefällt als eine dreckige.

*Eine saubere Kirche in einer sauberen Stadt. Reicht es denn nicht, dass der Oberbürgermeister täglich die Stadt von Junkies säubern lässt?!*

Ich habe dafür zu sorgen, dass die Kirche sauber ist.

*Aber die Kirche ist doch nicht sauber, wenn sie die Armen draußen vor der verschlossenen Tür stehen lässt!*

Die Kirche ist keine Wärmestube, kein Stall.

*Aber Sie beten den an, der im Stall geboren wurde. Wo sind denn in Ihrer schönen Kirche die Hirten unserer Zeit? Was tun Sie denn für die Armen und Hungernden?*

Sie vergessen wohl, wie oft in der Kirche für die Notleidenden gesammelt wird.

*Aber nein! Ich weiß, wie viel die Kirchgänger für die Menschen in Not geben. Aber die Sammlung von Kleingeld auch noch*

*Opfer zu nennen, das ist wirklich der Gipfel! Und auch die Gebete für die Armen sind doch oft nur ein frommes Alibi.*

Ich bitte Sie.

*Statt für die Armen etwas zu tun, wird für sie gebetet: Herr, mach, dass die Hungrigen gesättigt werden. Wir können Gott doch nicht um etwas bitten, für das wir selbst zuständig sind. Gott gibt keinem ein Stück Brot, wenn wir es ihm nicht geben. Beten ist tun. Selig, wenn du weißt, was du tust.*

Aber das hat Jesus nicht gesagt.

*Wahrlich, ich sage es Ihnen. Ihren Gebeten müssen Taten folgen. So wie in der Vesperkirche in Stuttgart. Dort, wo sonst die Kirchenbänke stehen, sitzen die Armen der Stadt an Tischen. Und auch so genannte »Normalbürger« setzen sich mit ihnen an einen Tisch.*

Aber der Glaube löst sich doch nicht in reiner Menschlichkeit auf! Uns Christen geht es schließlich um mehr als nur um Menschenliebe.

*Wie kann einer sagen, er liebe Gott, den er nicht sieht, wenn er seinen Bruder nicht liebt, den er sieht?*

Trotzdem geht es letztlich um die Gottesliebe.

*Manche sagen, sie lieben Gott, weil sie keinen Menschen lieben. Die Liebe zu Gott geschieht durch die Liebe zum Menschen. Darum gefällt Gott eure tatenlose Liturgie nicht. Er will, dass der Glaube Hand und Fuß bekommt. In der Vesperkirche wird gehandelt – und manchem Landstreicher werden die Füße behandelt.*

Was? Fußpflege in der Kirche?!

*Wie beim letzten Abendmahl, als den Jüngern die Füße gewaschen wurden. Wenn ich sehe, was die Kirche daraus gemacht hat! Von einem dünnen weißen Scheibchen wird doch kein Mensch satt. Früher war das Abendmahl ein richtiges Sättigungsmahl. Da wurde gegessen und getrunken. Und auch viel gelacht.*

Mir vergeht das Lachen, wenn ich sehe, wie wenige noch zum Tisch des Herrn kommen und die Kirche immer leerer wird.

*Die Vesperkirche ist voll mit Menschen, für die sonst nirgendwo Platz ist: Junkies, Strichjungen, Straßenmädchen, Obdachlose, Punker, psychisch Kranke, allein stehende Mütter mit ihren Kindern ... Sie genießen das warme Essen für nicht viel mehr als einen Euro. Tag für Tag kommen 600 bis 700 Hungrige mit ihren Hunden von der Straße in das Haus Gottes und fühlen sich dort richtig zu Hause.*

Ist es nicht billig, die Kirche so zu füllen?

*Es geht nicht nur um das günstige Mittagessen, sondern ebenso um das geschwisterliche Miteinander. Es ist wie eine große Familie. Jeder kann so kommen, wie er ist, und keiner wird ausgeschlossen. Auch Schwule und Lesben oder Zwitter gehören einfach dazu.*

Sie gehen wohl auch hin?

*Ja, mir gefällt's in der Vesperkirche. Dort trifft sich wirklich Gott und die Welt.*

Trotzdem wird es so etwas in meiner Kirche niemals geben.

*Entschuldigen Sie, Herr Pfarrer, aber Sie sind wohl auch nicht der richtige Pastor für eine Vesperkirche. Zumal dort einige Gäste versehentlich eine Kaffeetasse mitgehen lassen ...*

Habe ich doch gewusst, dass es da auch solche gibt.

*Manche nehmen die Tasse mit heim, weil der Spruch auf der Tasse sie anspricht: Auch wenn sonst kein Hahn nach dir kräht, Gott weiß, dass ich da bin. Und das genügt mir.*

Ein schöner Spruch.

*Schöne Sprüche gibt es viele. Aber damit lassen die Menschen sich heute nicht mehr abspeisen. Sie möchten echte Tischgemeinschaft erfahren in einer Kirche, die offen ist für alle.*

Meine Kirche ist auch für alle offen.

*Zu den Öffnungszeiten, lieber Herr Pfarrer. Nun möchte ich Ihnen Ihre kostbare Zeit nicht länger stehlen, denn Sie haben sicher Wichtigeres zu tun, als mit so einem wie mir zu reden.*

# Von allem eine Ahnung

## 3 Gespräch mit einem Ahnenforscher

Gestatten. Herbert Dunkel. Ahnenforscher.

*Klingt recht forsch.*

Als Ahnenforscher versuche ich Licht ins Dunkel der Abstammung zu bringen. Oft gelingt mir das recht gut. Bei manchen alten Familien kann ich den Stammbaum bis ins Mittelalter zurückführen. Aber Ihre Abstammung ist ein Kapitel für sich. Schon bei Ihren Eltern tappe ich völlig im Dunkeln.

*Es gibt auch dunkles Licht.*

Ihre Abstammung ist in einen dichten Nebel gehüllt. Klar ist nur, dass Josef und Maria verlobt waren. Nachdem Josef erfahren hatte, dass Maria schwanger war, hatte er doch allen Grund, sich von ihr zu trennen. Trotzdem nahm Josef seine schwangere Verlobte zu sich und soll sie nicht berührt haben.

*Das berührt Sie.*

Ja, Josef tut mir Leid. Er war Ihr »Nährvater«, aber nicht Ihr richtiger Vater.

*Weil er mich nicht gezeugt hat? Manche Männer zeugen ein Kind ohne wirklich Vater zu sein.*

Andere adoptieren ein Kind.

*Und sind bessere Väter als die Männer, die ihr eigenes Kind nicht annehmen. Viele so genannte Väter spielen die Vaterrolle, sind als Vater verkleidet, haben aber nichts Väterliches an sich.*

Lieber Herr Jesus, so kommen wir nicht weiter. Ich möchte wissen, wer Ihr Vater war.

*Welcher Vater?*

Wer war Ihr leiblicher Vater? Die Frage ist für Sie selbst doch auch äußerst wichtig. Jedes Kind möchte wissen, wer sein Vater ist. Manche sind ihr Leben lang auf der Suche nach ihrem Vater.

*Und finden ihn nicht. Und wie viele Kinder sind auf der Suche nach ihrer Mama.*

Aber Sie kannten Ihre Mutter.

*Was heißt kennen?*

Maria war die Tochter von Anna und Joachim.

*Wenn Sie wissen, was jemand war, wissen Sie noch lange nicht, wer er ist.*

Mir genügt, dass ich die Abstammung eines Menschen kenne.

*Es gibt auch eine geistige Abstammung, eine seelische Verwandtschaft. Der Fremde kann mein Bruder sein, und mein Bruder mir fremd.*

Lieber Herr Jesus, Ihre Gedanken in Ehren – aber mich interessiert Ihre biologische Abstammung. Ihre Großeltern Anna und Joachim waren lange Zeit kinderlos. Ihr sehnlichster Wunsch ging erst in vorgerücktem Alter in Erfüllung. Dagegen soll ihre Tochter Maria schon mit etwa vierzehn schwanger gewesen sein. Aber von wem? Hat sie es Ihnen denn nicht eines Tages gebeichtet?

*Sie kennen meine Mutter nicht. Sie hat geschwiegen wie ein Grab.*

Und ihr großes Geheimnis mit ins Grab genommen. Aber andere haben es ausgegraben. Böse Zungen behaupten, dass Ihr leiblicher Vater der römische Legionär Panthera war. Oder ist das nur ein Gerücht?

*An jedem Gerücht ist etwas dran: ein böser Geruch.*

Wenn Ihre Mutter tatsächlich die Geliebte von diesem Panthera war, wäre ihr Jesus ein unehelicher Sohn. Ein schöner Messias!

*Der auch noch von einem Heiden abstammt!*

Ja, das wäre der Gipfel. Vielleicht hat man gerade deshalb dieses Gerücht in die Welt gesetzt. Aber wie auch immer. Für die Christen sind Sie nun mal der Messias. Matthäus will ja mit seinem Stammbaum gerade beweisen, dass Jesus von Nazaret der Sohn Davids, der erwartete Messias ist.

*Sie haben auch noch Theologie studiert?*

Als Ahnenforscher muss man von allem eine Ahnung haben. Der Evangelist Lukas hat Ihre ungeklärte Herkunft dadurch zu klären gesucht, dass er Gott selbst zu Ihrem Vater erklärt hat. Als Sohn Gottes wurden Sie vom Heiligen Geist gezeugt.

*O Gott.*

Sie stammen direkt von Gott ab. Gott hat Sie gewollt.

*Kennen Sie einen Menschen, der nicht gottgewollt ist? Jeder Mensch geht sozusagen aus Gott hervor. Kein Mensch wird ins Leben gerufen, zu dem Gott nicht Ja sagt.*

Aber manches Menschenkind entsteht doch ungewollt und ist ungeplant.

*Auch das nicht geplante Kind hat einen Platz im Plan Gottes.*

Für mich ist jedes Neugeborene ein Zufallsprodukt.

*Kein Mensch hat sein Dasein dem Zufall zu verdanken. Jedes Geschöpf ist ein göttlicher Einfall. Jeder einzelne Mensch ist ein eigener Gedanke Gottes.*

Bei manchen Menschen scheint er sich aber nicht viel gedacht zu haben.

*Herr Dunkel! Nicht jeder Mensch kann ein so genialer Gedanke Gottes sein wie Sie. Aber jeder ist wie Sie ein Kind Gottes.*

Aber ich bin kein Sohn Gottes, sondern ein Kind dieser Welt. Ich wurde nicht von Gott selbst gezeugt und von einer unberührten Jungfrau geboren. Meine Eltern haben mich gemacht.

*Eltern können ein Kind nicht machen. Sie bekommen ein Kind, empfangen es.*

Aber bei meiner Mutter gab es keine unbefleckte Empfängnis. Maria dagegen, so lehrt uns die Kirche, wurde ohne Erbschuld von ihrer Mutter Anna empfangen. Und sie blieb immer Jungfrau: vor, während und nach der Geburt. Das Hymen soll nicht verletzt worden sein. Das ist doch biologisch völlig unmöglich!

*Ich möchte Ihnen eine kleine Geschichte erzählen: Nach der Geburt ging Maria mit der Hebamme an den Bach, um sich untersuchen zu lassen. Als die Hebamme Maria auf Jungfräulichkeit untersuchen will, verdorrt ihr die Hand. Auf Deutsch: Wer das Wirken Gottes wissenschaftlich untersuchen will, verbrennt sich die Finger.*

Damit wollen Sie also sagen, dass es bei der Jungfrauengeburt nicht um einen körperlichen Befund geht, sondern um ein göttliches Geschehen, das nach menschlichem Ermessen nicht für möglich gehalten wird.

*Habe ich doch gewusst, dass Sie das verstehen.*

Trotzdem kann ich nicht verstehen, dass mit dem Menschen Jesus von Nazaret Gott selbst in unserer Welt geboren wurde.

*Wird Gott nicht mit jedem Kind in unserer Welt geboren?*

Aber kein Menschenkind wird Sohn Gottes genannt.

*Dieser so genannte Sohn Gottes, war er nicht der Sohn Josefs?*

Wenn es so war, warum wurden Sie dann Sohn der Maria genannt und nicht Sohn des Josef? Wie Sie wohl wissen, wurde nach jüdischer Sitte der Sohn unter Beifügung seines Vaternamens bezeichnet, selbst wenn dieser gestorben war.

*Nicht zu glauben, was Sie alles wissen.*

Vor allem möchte ich wissen, welcher Mann Ihnen seine Anlagen vererbt hat. Wie kam die Keimzelle Jesu zum Chromosomensatz? Wie hat Gott sich den richtigen Mann für Maria ausgesucht? Das ist doch die Frage.

*Die Antwort ist ganz einfach. Damals hat man Stäbe für alle verheirateten Männer aus dem Geschlecht Davids in den Tempel gebracht. Auf diese Weise sollte der von Gott vorbestimmte Mann für Maria gefunden werden. Nur der Stab Josefs erblühte zur Lilie.*

Eine schöne Legende. Jetzt weiß ich wenigstens, warum Josef auf vielen Bildern mit einer Lilie zu sehen ist. Aber das hilft mir in meiner Forschung keinen Schritt weiter.

*Weiter kommen Sie, wenn Sie annehmen, dass Sie, Herr Dunkel, nicht in jedes Dunkel Licht bringen können.*

Aber wie können die Menschen an Sie, an das Licht der Welt glauben, wenn sie nicht einmal wissen, woher das Licht kommt?!

*Das Licht geht aus dem Dunkel hervor.*

Damit kann ich als Ahnenforscher nichts anfangen. Ich möchte einfach nur wissen, woher Sie kommen.

*Ich komme daher, wohin Sie gehen.*

# 4 Willst du gesund werden?

## Gespräch mit einer Kranken

O Jesus! Bin ich froh, dass du da bist. Ich war schon bei so vielen Ärzten, doch keiner kann mich heilen. Nur noch du.

*Ich konnte auch nicht alle heilen.*

Aber du hast doch viele Kranke geheilt. Du bist als großer Wundertäter in die Geschichte eingegangen.

*Ja, leider. Mir ging es nicht darum, die Menschen durch Wundertaten zu überzeugen.*

Aber du hast doch viele Wunder gewirkt. Und nun wirst du mich doch sicher gesund machen.

*Willst du gesund werden?*

Was für eine Frage! Kennst du denn Kranke, die nicht gesund werden wollen?

*Mehr als du denkst.*

Du meinst wohl solche, die sich krankschreiben lassen. Aber mit solchen Drückebergern kannst du mich doch nicht vergleichen. Ich mache nicht krank, ich bin krank.

*Ich glaube dir, dass du richtig krank bist.*

Aber du denkst, dass ich mich in meiner Krankheit wohl fühle und nicht gesund werden will. Glaubst du denn, dass es mir Spaß macht krank zu sein?

*Aber nein. Ich weiß, dass deine Krankheit eine Last ist, an der du schwer zu tragen hast.*

Ich kann dir gar nicht sagen, wie die Krankheit mich bedrückt, niederdrückt. Manchmal bin ich total am Boden und habe nicht mehr die Kraft aufzustehen.

*Mit deiner Krankheit aufzustehen.*

Manchmal tue ich mir selbst so Leid. Ich beklage mich nur noch und klage Gott und die Welt an.

*Mit deinem Klagen und Jammern änderst du aber nichts an deiner Lage.*

Aber was kann ich denn schon ändern?

*Du kannst anders mit deiner Krankheit umgehen.*

Und ihr auch etwas Positives abgewinnen?

*Kranke bekommen oft mehr Zuwendung und Aufmerksamkeit als Gesunde. Viele werden liebevoll umsorgt. Bringt deine Krankheit dir nicht auch Vorteile?*

Schon. Durch meine Krankheit bekomme ich mehr Zuwendung von meinem Mann. Auch meine Kinder kümmern sich jetzt mehr um mich. Doch das ist kein Ersatz.

*Du würdest gerne auf die Zuwendung verzichten und lieber wieder gesund sein?*

Auf jeden Fall. Meine Freundin hat mir einmal gesagt, dass ich vielleicht krank geworden bin, um mehr Liebe von meiner Familie zu bekommen. Das hat mir schon zu denken gegeben. Glaubst du das?

*Ich kann dir nicht sagen, warum du krank geworden bist. Ich bin nicht gekommen, um das Leid zu erklären.*

Aber du glaubst, dass das Leid gottgewollt ist?

*Gott will nicht, dass wir leiden.*

Er lässt es aber zu. Warum will Gott nicht, dass wir nicht leiden? Oder schickt er uns Krankheit und Leid, um uns zu erziehen?

*Von einer solchen Erziehungsmethode halte ich nichts.*

Ich bin aber durch meine Krankheit erwachsener, reifer geworden. Solange ich gesund war, habe ich nicht gesehen, wie kostbar das Leben ist. Die Krankheit hat mir wieder die Augen geöffnet.

*Und dir manche Einsichten eröffnet, die dir als Gesunde verschlossen waren.*

Das Wunder des Lebens hat sich mir neu erschlossen. Und mir ist durch die Krankheit auch aufgegangen, dass eigentlich nichts selbstverständlich ist: Aufstehen, sehen, essen, schlucken, atmen – das alles versteht sich nicht von selbst. Durch meine Krankheit habe ich gelernt, das Leben von unten zu sehen.

*Von unten sieht man mehr als von oben.*

Das stimmt. Aber ich sehe immer noch nicht, warum es gerade mich erwischt hat. Immer wieder frage ich: Womit habe ich das verdient?

*Kein Mensch hat seine Krankheit verdient. Kranke sind keine schlechteren Menschen als Gesunde.*

Trotzdem frage ich mich immer wieder: Warum gerade ich? Warum hat es ausgerechnet mich getroffen?

*Wenn du so fragst, sagst du damit, dass andere das verdient haben, was du jetzt erleiden musst.*

Es gibt doch welche, die hätten es verdient. Ich kann einfach nicht verstehen, dass es den Bösen oft so gut geht und den Guten so schlecht.

*Kann man die Menschen in Gute und Böse einteilen?*

Man sagt doch oft, dass Gott die Guten belohnt und die Bösen bestraft.

*Das habe ich aber nie gesagt. Gott ist kein Buchhalter, der kleinlich Schuld gegen Krankheit aufrechnet. Ein Liebender rechnet nicht ab.*

Aber warum müssen manche mehr leiden als andere? Und was ist mit dem Leid der Unschuldigen? Warum haben Kinder schon Krebs? Was ist der Sinn von all dem sinnlosen Leid? Zweifelst du denn nie an der Güte Gottes?

*Weißt du nicht, wie verzweifelt ich am Kreuz nach Gott geschrien habe?*

Ja, wo war da Gott?

*Er hing mit mir am Galgen.*

Ein schöner Gott, der am Kreuz krepiert.

*Mir wäre es auch lieber, Gott würde uns vom Kreuz holen.*

Meine Krankheit ist mein Kreuz. Tag und Nacht träume ich davon, dass endlich einer kommt und mich heilt. Und jetzt bist du da. Du wirst mich gesund machen.

*Heilen ist mehr als gesund machen. Manche sind gesund, aber nicht heil. Andere sind krank und trotzdem heil, ungebrochen, eins mit sich.*

Sag bloß, dass Krankheit heilsam ist.

*Heilsam ist das Vertrauen, der Glaube.*

Ja, man sagt: Der Glaube versetzt Berge.

*Ein großes Gottvertrauen kann die im Menschen verborgenen leib-seelischen Heilkräfte wecken und ins Wunderbare, ins Unbegreifliche steigern. Wer glaubt, dem wachsen manchmal übernatürliche Kräfte zu.*

Ich lebe eigentlich auch aus dem Vertrauen, dass Gott mich in seiner gütigen Hand hält und trotzdem bin ich immer noch krank.

*Viele, die einen tiefen Glauben haben, werden nicht wieder gesund. Und viele gesunde Menschen haben keinen Glauben.*

Aber was nutzt mir dann der Glaube? Was bringt mir das Beten? Lange Zeit habe ich Gott mit meinen Gebeten bestürmt und bin vor ihm auf den Knien gelegen. Aber er hat mich nicht erhört. Ich bin so enttäuscht von ihm.

*Du hast dich getäuscht. Du hast geglaubt, dass du Gott dazu bringen kannst, dich zu heilen.*

Aber es gibt doch Kranke, die durch das Gebet geheilt wurden.

*Und was ist mit all den anderen Kranken, die nicht wieder gesund werden?*

Vielleicht haben sie nicht richtig gebetet.

*Da stirbt eine Frau, obwohl ihre drei Kinder gebetet und gebettelt haben, dass Gott sie am Leben lässt. Glaubst du, dass Gott die Mutter hat sterben lassen, weil ihre Kinder nicht die rechten Worte fanden?*

Nein. Das kann ich nicht glauben, denn dann wären sie am Ende noch schuld am Tod ihrer Mutter.

*Siehst du. Beim Beten gibt es kein richtig und falsch. Aber das Gebet hat nicht die Wirkung einer Münze, die man in einen Automaten wirft.*

Aber wenn nichts dabei herauskommt, warum dann zu Gott beten? Das bringt doch nichts.

*Wenn du Gott um Kraft bittest, wird dein Kreuz nicht leichter, aber deine Schultern werden breiter.*

Ich möchte aber das Kreuz meiner Krankheit loswerden. Für mich gibt es nichts Wichtigeres, als wieder gesund zu werden. Dass die Krankheit mein Weg sein soll, kann ich nicht glauben.

*Glaub mir: Gott geht mit uns oft sonderbare Wege.*

# 5 Meine Sonja

## Gespräch mit einem Lebenslänglichen

*Franz, Friede sei mit dir!*

Jesus Christus in meiner Zelle! Das gibt's doch nicht. Wenn ein Mensch so lange eingesperrt ist wie ich, sieht er manchmal Dinge, die nicht wirklich sind. Und manchmal höre ich Stimmen. Und jetzt höre ich Jesus höchstpersönlich zu mir sagen: Friede sei mit dir! Ich glaube, ich bin ein Fall für den Psychiater.

*Nicht die Gesunden brauchen einen Arzt.*

Sie, Herr Jesus, Sie ...

*Das Sie ist eine Mauer zwischen den Menschen. Sagen wir du zueinander. Ich mag keine Mauern. Erst recht ist die Gefängnismauer für mich ein Stein des Anstoßes. Sie hält die Fiktion aufrecht, dass es zwei Sorten Menschen gibt: die Guten und die Bösen. Doch auch die höchste Mauer kann nicht darüber hinwegtäuschen, dass die Menschen vor und hinter der Mauer innerlich eng miteinander verwandt, Brüder und Schwestern sind.*

Trotzdem wird die Mauer immer höher. Die neue Mauer-Kappe kostet vier Millionen Euro.

*Das ist die Krönung.*

Die Krönung ist für mich, dass Sie, hmm, ich meine du da bist. Ich kann nicht einmal einen Stuhl anbieten. Ich setze mich aufs Bett und du setzt dich auf meinen Stuhl. Es ist alles so eng hier. Schlafzimmer, Wohnzimmer, Küche, Toilette, alles in einem. Aber wenigstens eine Einzelzelle. Das ist das Privileg der Lebenslänglichen. Wir dürfen uns auch einen Vogel halten. Ich bin so froh, dass mein Kiki da ist. Er muntert mich immer wieder auf und gibt mir Kraft. Rauchst du?

*Nur selten. Ab und zu dreh ich mir eine. Manchmal rauche ich auch mal eine mit. So wie jetzt mit dir.*

Das freut mich. Die Selbstgedrehten sind auch viel besser. Und billiger. So gut ist der Verdienst im Knast nicht.

*Wer bekommt schon, was er verdient?*

Ich habe auf jeden Fall eine harte Strafe verdient. Denn ich habe das Schlimmste getan, was ein Mensch einem anderen antun kann. Ich habe einem Menschen das Leben genommen.

*Das Gott ihm gegeben hatte.*

Ich habe mich über Gott gestellt. Ich habe mir das Recht genommen, über Leben und Tod eines Menschen zu entscheiden. Manchmal frage ich mich, ob ich selbst noch das Recht auf Leben habe. Oder habe ich die Todesstrafe verdient?

*Du sollst nicht töten gilt für jeden. Auch der Staat hat nicht das Recht, einem Menschen das Leben zu nehmen.*

Trotzdem frage ich mich manchmal, ob der elektrische Stuhl nicht humaner wäre, als diese unendlich lange Strafe abzusitzen. Denn selbst wenn ich bis zu meinem letzten Atemzug hier büße, kann ich das begangene Unrecht nicht wieder gutmachen.

*Das ist die härteste Strafe.*

Es ist nicht die Gefängnisstrafe, die mich am meisten belastet. Am schwersten wiegt die Last, dass ich einen Menschen auf dem Gewissen habe. Und dann noch den Menschen, den ich über alles geliebt habe. Meine Sonja! Sie aber liebte einen anderen. Das hat mich so gekränkt, dass ich krank wurde vor Eifersucht. Und da ist es halt passiert.

*Ich verstehe.*

Achtzehn Mal habe ich auf sie eingestochen. Ich habe Sonja regelrecht abgeschlachtet. Dass ich zu so einer bestialischen Tat fähig bin, hätte ich nie gedacht. Ich hatte immer geglaubt, ich könnte so etwas nie tun.

*Das haben schon viele gedacht.*

Ich kann dir gar nicht sagen, wie sehr ich meine Sonja geliebt habe.

*War es wirklich Liebe? Oder hast du sie getötet, weil du dachtest, dass sie dir gehört und sie kein Recht hatte, dich zu verlassen? Du hast »deine« Sonja als deinen Besitz angesehen. Kein anderer durfte sie haben.*

Vielleicht war es so. Aber es fällt mir schwer zu glauben, dass ich Sonja nicht aus Liebe getötet habe. Soll ich sie tatsächlich umgebracht haben, weil sie sich meiner Macht entziehen wollte? Konnte ich diesen Machtverlust nicht hinnehmen?

*Liebe und Macht werden oft miteinander verwechselt. Die so genannte Macht der Liebe ist oft nichts anderes als die Liebe zur Macht.*

Aber auch wenn Macht mich zu dieser Wahnsinnstat getrieben haben soll, so fällt es mir nach neun Jahren immer noch schwer, zu bekennen: Ich war es! Ich, Franz Müller, habe Sonja mit meinen Händen getötet.

*Mit den gleichen Händen, mit denen du sie gestreichelt und geliebt hast.*

Manchmal träume ich, dass mir die Hände abgehackt werden. Und immer wieder läuft das Ganze nachts im Traum ab. Wie im Film. Dann schreie ich und wache schweißgebadet auf. Und das nach neun Jahren. Und wahrscheinlich muss ich noch einmal so lange sitzen. Die meisten Lebenslänglichen werden nach etwa achtzehn Jahren begnadigt. Andere erst nach zwanzig bis fünfundzwanzig Jahren. Manche Lebenslängliche sterben im Knast. Andere erhängen sich am Gitter, weil sie keinen Sinn mehr sehen. Einige wollen gar nicht entlassen werden. Sie kommen draußen mit dem Leben nicht mehr zurecht.

*Und du?*

Ich hoffe, dass ich lebend herauskomme. Aber es ist schwer, die Haft zu überleben, wenn du tagein, tagaus, jahrein, jahraus nur tote Mauern um dich hast. Manchmal fühle ich mich hier in meiner Zelle wie in meinem Grab, lebendig begraben. Und das Schlimmste ist, dass ich mir mein eigenes Grab gegraben habe. Aber was soll's! Ich bin noch am Leben, während Sonja schon neun Jahre unter der Erde liegt.

*Sie lebt im Himmel.*

Und hasst mich für immer und ewig.

*Aber nein. Sie sieht deine Tat inzwischen in einem ganz anderen Licht. Sie kann im Himmel nicht glücklich sein, wenn sie dir deine Schuld weiter nachträgt. Glaub mir. Sonja hat dir verziehen.*

Wenn ich das sicher wüsste, wäre es mir viel leichter ums Herz. Dann würden mir die restlichen Jahre nicht mehr so schwer fallen. Dann wäre die Haft meine Gegenleistung für ihre Vergebung. Mir selbst kann ich meine Schuld niemals vergeben. Ob Gott sie mir vergibt?

*Im dem Augenblick, in dem du von Herzen bereust, hat Gott dir schon verziehen.*

Ich kann dir gar nicht sagen, wie sehr ich das Geschehene bereue. Trotzdem habe ich Zweifel, dass Gott mir so einfach vergibt, was ich mir selbst nicht verzeihen kann. Ich habe Angst, dass Gott mir heimzahlt, was ich Sonja angetan habe.

*Du denkst viel zu klein von Gott. Gott ist kein Göttlein. Ihm geht es nicht darum, die Menschen kleinlich zu bestrafen. Sein Herz ist größer als alle Schuld und Sünde.*

Wenn du das sagst. Trotzdem werde ich hier auf Erden mein Leben lang mit dieser Schuld leben müssen. Auch wenn das Gefängnistor sich eines Tages öffnet, hält meine Schuld mich weiter gefangen. Ich kann mich nicht entschuldigen und sagen: Ich habe zwanzig Jahre gebüßt. Wenn ich draußen bin, bin ich nicht der Franz Müller, sondern ich bleibe der Mörder. Mein Leben lang. Und wenn mir dann draußen Sonjas Eltern und Geschwister noch begegnen. Ihre Blicke werden mich töten! Niemals werden sie mir das verzeihen.

*Wer weiß. Vor kurzem ging eine Frau ins Gefängnis und besuchte dort den Mörder ihrer Tochter: Sie sagte: »Du hast mir den liebsten Menschen genommen. Ich kann dir gar nicht sagen, wie sehr ich dich gehasst habe. Aber so kann ich nicht weiterleben. Mein Hass bringt mich um. Ich will nicht, dass du mich auch noch tötest. Ich bin gekommen, um dir zu verzeihen!« Zum Schluss umarmte die Mutter den Mörder und fügte hinzu: »Jetzt kann ich wieder beten ... wie auch wir vergeben unseren Schuldigern ...«*

Eine schöne Geschichte. Aber ich habe hier nur ein einziges Mal erlebt, dass einem Gefangenen vergeben wurde. Der hatte Magenkrebs und nicht mehr lange zu leben. Er wollte noch einmal seine Tochter sehen, die er lange Jahre missbraucht hatte. Und siehe da: Sie kam. Zwar hatte sie nicht vergessen, was er ihr als Kind angetan hatte, aber sie wollte ihm verzeihen, damit er in Frieden sterben könne. Das fand ich stark. Denn der Vater war schuld, dass die Tochter drogenabhängig geworden ist.

*Wer weiß, was der Mann als Kind durchgemacht hat, dass er so geworden ist. Wer den Werdegang eines Menschen kennt, der versteht. Und wer versteht, verurteilt nicht.*

Aber auch hier im Knast spielen sich viele zum Richter über ihre Mitgefangenen auf. Jeder hackt auf einem anderen herum. Ganz unten in der Hackordnung steht der Gefangene, der ein Kind geschändet hat. Er traut sich kaum aus der Zelle.

*Jeder Mensch braucht einen unter sich, damit er selbst aufrecht gehen und sonntags in der Kirche gerade stehen kann.*

Hier ist es auch so. Ganz vorne in der Knastkirche stellt sich der Betrüger hin: Herr, ich danke dir, dass ich nicht so bin, wie die Verbrecher da hinter mir. Auch der Räuber erhebt sich: Herr, ich danke dir, dass ich nicht so bin wie der Mörder hinter mir. Der Lebenslängliche brüstet sich: Ich danke dir, Herr, dass ich nicht so bin wie das Schwein da hinter mir, das die Kleine erdrosselt hat. Der Kindesmörder in der letzten Reihe betet: Herr, ich danke dir, dass ich nicht so bin wie die Pharisäer vor mir.

*Eher tötet man einen anderen als den Pharisäer in sich.*

# 6 Passion und Leidenschaft

## Gespräch mit einem »Sammler und Jäger«

Entschuldigen Sie vielmals, Herr Jesus, dass ich Sie so mit meiner dicken Backe empfangen muss. Aber ich habe solche Zahnschmerzen.

*Ach, Sie Ärmster. Wenn ich Zahnweh habe, bin ich auch voller Schmerz. Dann lässt man mich am besten in Ruhe. Soll ich nicht lieber wieder gehen?*

Nein, nein. Ich bitte Sie. Wenn Sie schon hier sind, möchte ich die Gelegenheit natürlich nützen, um Ihnen ein paar Fragen zu stellen, die immer noch ungeklärt sind. Seit Jahrzehnten befasse ich mich mit Ihren letzten Tagen. Ihr Leiden und Sterben interessieren mich besonders.

*Meine Passion ist Ihre Leidenschaft?*

Ja, als passionierter »Sammler und Jäger« bin ich hinter allen Berichten und Studien über Ihre Leidensgeschichte her. Eine unübersehbare Fülle an Literatur. Regale voll mit Akten über Ihren Prozess, der immer noch sehr umstritten ist. Das Gerichtsverfahren in den Evangelien widerspricht nämlich dem damaligen jüdischen Recht. Auch Ihre Verhaftung lässt manche Frage offen. Dass Sie aber am Kreuz starben, ist sicher.

*Todsicher.*

Ihnen brauche ich wohl nicht sagen, wie grausam die Kreuzigung war. Sie war die schrecklichste Hinrichtungsart, die das Altertum kannte. Römische Bürger durften nicht gekreuzigt werden. Die Kreuzigung galt als Gipfel der Barbarei. Damit der Verurteilte durch das Gewicht des eigenen Körpers nicht rasch erstickt, wurde er auf ein Stück Holz gesetzt, das in Sitzhöhe angebracht war. Dieser Sitz sollte die Qualen verlängern. Der Gehängte musste sich ständig aufbäumen und immer wieder von neuem nach Luft ringen. Er war dem Ersticken so nahe, wie bei einem ganz schweren Asthmaanfall. Der langsame Erstickungstod konnte sich über Tage hinziehen. Die Angenagelten bluteten aus Wunden am ganzen Körper. Insekten und Vögel fraßen sie halb auf, während sie noch lebten. War der Tod eingetreten, blieben die Hingerichteten entweder hängen, bis sie verwest waren, oder der Leichnam wurde ihren Angehörigen übergeben. Zur Sicherheit wurde mit der Lanze ins Herz gestochen. Um einen Scheintod zu verhindern.

*Obwohl es schrecklich ist, höre ich Ihnen gerne zu.*

Bei Ihnen, Herr Jesus, gibt es immer noch die These, dass Sie nicht am Kreuz gestorben sind. Sie hätten einen Becher Wein mit Weihrauch bekommen, um die Schmerzen zu betäuben. Durch diesen Betäubungstrank seien Sie ohnmächtig geworden, aber von den Qumranleuten wieder ins Leben zurückgerufen worden. Nach Ihrer Wiederbelebung hätten Sie noch dreißig Jahre gelebt.

*Und ich wäre lebenssatt im Lehnstuhl eingeschlafen.*

Der Tod ist ja der große Bruder des Schlafes.

*Nur bin ich nicht friedlich und sanft entschlafen, sondern elend krepiert.*

Viele Theologen stellen es aber so dar: Sie mussten, wollten sogar sterben.

*Leben wollte ich! Ich habe nicht den Tod gesucht. Allerdings bin ich meinen Weg konsequent gegangen, wohl wissend, wie das enden könnte.*

Ihr Tod war die Quittung für Ihr Leben.

*Wer die Frommen als Scheinheilige entlarvt, der muss damit rechnen, dass sie ihm das heimzahlen.*

Vor Ihrer Hinrichtung wurden Sie gegeißelt. Wenn ich es richtig weiß, wurden Sie bäuchlings an eine Säule gebunden. Zwei römische Soldaten zerschlugen Ihren Rücken buchstäblich in Stücke. Die Peitschen bestanden aus Lederriemen, in welche Knochenstücke oder Eisensplitter eingeknotet waren.

*Sie scheinen selbst dabei gewesen zu sein. Dann wissen Sie sicher auch, wie viele Schläge ich mit der Peitsche bekommen habe.*

Höchstens 39. Mehr Schläge ließ das jüdische Recht nicht zu, um den Verurteilten nicht vorzeitig zu töten. Nach der Geißelung begann das Schauspiel für das breite Publikum. Zur Abschreckung und um der Masse ein Spektakel zu bieten, sollten möglichst viele Menschen den Verbrecher sehen. Meistens musste der Verurteilte das Querholz des Kreuzes selbst tragen.

*Es war unerträglich.*

Der Balken wog rund 50 kg. Allein hätten Sie ihn niemals zur Schutthalde hochschleppen können. Da musste Simon von Cyrene Ihnen tragen helfen. Diese scheinbare Milde diente nur dazu, das vorzeitige völlige Erliegen zu verhindern. Denn Mitleid war von den Römern nicht zu erwarten. Und schon gar nicht von Pontius Pilatus.

*Er hat alte Leute, Krüppel, Schwangere, sogar einige Kinder hinrichten lassen.*

Es heißt, dass Sie nur einer unter fast sechstausend Juden waren, die der Despot Pontius Pilatus kreuzigen ließ. Ein Jude mehr oder weniger, das war für den Römer Pilatus uninteressant. Nachdem Sie auf dem Golgotafelsen angekommen waren, wurden Sie Ihrer Kleider beraubt und aufs Kreuz geworfen. Die beiden Verbrecher wurden mit Ihnen gekreuzigt. Es war der siebte April. Das nehmen zumindest die Exegeten an. Ist diese Annahme richtig?

*Ach, wissen Sie, wenn Sie mit durchnagelten Händen und Füßen am Kreuz hängen, gehen Ihnen ganz andere Dinge durch den Kopf als die Frage: Welchen Tag haben wir heute?*

Auf jeden Fall war es ein Freitag. Die Bibel berichtet, dass Sie in der dritten Stunde gekreuzigt wurden und in der neunten starben. Nach heutiger Uhrzeit von 12 bis 15 Uhr mittags. Das war ein vergleichsweise schneller Tod.

*Für mich hat der Erstickungskampf eine Ewigkeit gedauert.*

Ihr Tod musste beschleunigt werden, weil am nächsten Tag Sabbat war. Da durfte kein Jude am Kreuz hängen. Das war rechtlich verboten. Darum haben römische Soldaten Ihnen die Knochen unterhalb der Knie zerschlagen.

*Davon weiß ich nichts.*

Können Sie sich denn noch an Ihre letzten Worte erinnern?

*Ich weiß nur noch, dass ich da am Kreuz hing und geschrien, nein, gebrüllt habe vor Schmerz.*

Der älteste Evangelist Markus erwähnt ausdrücklich, dass Sie mit einem furchtbaren Geschrei gestorben sind. So hat es auch Matthäus übernommen: Eli, Eli, lema sabachtani? Mein Gott, mein Gott, warum hast du mich verlassen? Mit diesen Worten fängt auch der Psalm 22 an. Ihn sollen Sie am Kreuz gebetet haben.

*Ich kann verstehen, dass mein Verzweiflungsschrei die Gläubigen schockiert und man mir diesen Psalm in den Mund legt, der so vertrauensvoll endet. Aber ich war so angeschlagen, dass ich niemals den ganzen Psalm hätte beten können. Durch die große Atemnot konnte ich höchstens ein paar Worte von mir geben und habe nur noch geröchelt.*

Und so hingen Sie da zwischen Himmel und Erde, total ausgetrocknet, die Lippen geschwollen, furchtbare Krämpfe in allen Muskeln und Organen.

*Und was noch viel mehr wehtat, war das furchtbare Gefühl, von Gott verlassen zu sein. Ich hatte so sehr gehofft, dass er sich zu erkennen gibt. Bis zu meinem letzten Atemzug habe ich auf das Wunder gewartet, dass mein Vater doch noch eingreift. Aber er ließ mich hängen. Warum? Warum?*

Lukas konnte die verzweifelte Warum-Frage in Ihrem Mund nicht hinnehmen. Bei ihm lauten Ihre letzten Worte: Vater, in deine Hände befehle ich meinen Geist.

*Schön wäre es, wenn ich mich so in den Willen Gottes hätte ergeben können. Aber mein Glaube war völlig zusammengebrochen. Ich war am Tiefpunkt angekommen, am absoluten Nullpunkt. Ich, der immer so an ihm hing, wurde von ihm hängen gelassen.*

Sie beschönigen nichts.

*Schön reden ist nicht meine Sache.*

Im Nachhinein könnten Sie sagen, dass Sie mit einem Lächeln auf den Lippen dahingeschieden sind. Wie die Zen-Meister, die sterben auch lächelnd ...

*Ausgelacht hat man mich.*

Ecce homo! Welch ein Mensch!

*Ich bin ein Wurm und kein Mensch mehr, von allen verachtet und verhöhnt. Psalm 22. Wer mich sieht, macht sich über mich lustig.*

Anderen hat er geholfen, aber sich selbst kann er nicht helfen! Dieser Retter und König von Israel! Er soll doch vom Kreuz herunterkommen! Wenn wir das sehen, werden wir ihm glauben.

*Nicht zu glauben, dass mein Vater mich so im Stich gelassen hat.*

Viele Theologen sprechen von der scheinbaren Gottverlassenheit und sagen: In Wirklichkeit war Gott da. Auch der Evangelist Johannes will von dieser Verlassenheit nichts gewusst haben. Sie hätten nicht geschrien, sondern die erhabenen Worte gesprochen: Es ist vollbracht.

*Ich glaube nicht, dass ich das gesagt habe. Denn ich bin nicht erhobenen Hauptes gestorben. Ich war kein Held.*

Sie waren kein Sokrates, der mit ruhiger Hand den Giftbecher trank.

*Ich habe gezittert, Wasser und Blut geschwitzt. Ich hatte solche Angst.*

Das macht Sie mir gerade so sympathisch, so menschlich. Ich habe auch Angst. Angst, dass ich auch so qualvoll sterbe wie mein Vater. Ich höre ihn heute noch schreien. Er konnte sein Leben nicht loslassen.

*Sich nicht lösen von seinem Ich.*

Ich befürchte, dass ich auch bis zum letzten Atemzug mit einer Heidenangst an meinem Leben hänge. Denn ich zweifle, ob es ein Leben nach dem Tod gibt. Aber wenn ich Sie hier sitzen sehe, fange ich an zu glauben.

*Nun sind Sie sich Ihrer Zweifel nicht mehr sicher?*

Ich weiß nicht einmal mehr, ob ich noch Zahnschmerzen habe.

*Ich bezweifle, dass ich die geheilt habe.*

Doch das Gespräch mit Ihnen war heilsam.

# 7 Typisch Mann

## Gespräch mit einer Feministin

Herr Jesus, gerade komme ich von einer umstrittenen Ausstellung. Da hängt eine Frau mit nacktem Oberkörper am Kreuz. Die einen halten diese Foto-Montage für Kunst, die anderen sehen darin eine Beleidigung Gottes. Was sagen Sie dazu?

*Menschen können Gott nicht beleidigen.*

Vor allem Männer fühlen sich durch so eine Darstellung in ihren religiösen Gefühlen verletzt. Sie sehen aber nicht, dass wir Frauen durch die Männerkirche bis zum heutigen Tag zutiefst verletzt werden. Von Ihnen dagegen gibt es kein Wort, das Frauen verletzt, kein frauenfeindliches Verhalten. In Ihrem Wirken sind durchaus frauenbefreiende, emanzipatorische Elemente zu erkennen. Das gefällt mir.

*Hätte es Ihnen nicht noch besser gefallen, wenn ich zum Krieg zwischen den Geschlechtern aufgerufen hätte?*

Das wäre von einem Juden wohl zu viel erwartet. Sie kennen das Morgengebet der frommen Juden: Gepriesen sei Gott, dass er mich nicht als Frau erschaffen hat.

*Und weiter ging's: Gepriesen sei Gott, dass er mich nicht als Narren erschaffen hat.*

Die Frau galt als töricht und närrisch. Dabei gibt es keine größeren Narren und Toren als Männer.

*Dann werden die Frauen heute wohl beten: Gepriesen sei Gott, dass er mich nicht als Mann erschaffen hat.*

Ich danke Gott, dass er mich nicht zu Ihrer Zeit als Mädchen auf die Welt hat kommen lassen. Als Frau hätte ich – genauso wie meine Mutter – immer schweigen müssen. Mein Vater hätte allein das Sagen gehabt. Ich hätte geglaubt: Mein Vater ist wie Gott.

*Und Sie hätten manchmal Angst gehabt: Gott ist wie mein Vater. Er will auch, dass ich schweige und alles schlucke.*

Mein Vater hätte mir einen Ehegatten ausgesucht, ohne mich zu fragen. Ich wäre Besitz des Mannes gewesen und hätte genauso zu seinem Eigentum gehört wie das Haus, die Sklaven und das Vieh. Mein Besitzer hätte mich wie eine dumme Kuh behandeln und ich hätte nicht einmal die Scheidung einreichen können. Wenn ich dagegen das Essen hätte anbrennen lassen, hätte der Herr das Recht gehabt, sich scheiden zu lassen.

*Gegen dieses Unrecht bin ich angegangen und habe dem Mann die Scheidung von seiner Frau bedingungslos verboten – auch bei einem Ehebruch seitens der Frau.*

Eine Ehebrecherin sollte mit dem Tod für etwas bestraft werden, was Männern ohne weiteres erlaubt war.

*Der Mann konnte tatsächlich mehrere Frauen gleichzeitig zur Ehe haben.*

Immerhin haben Sie mit Ihrem rigorosen Scheidungsverbot eindeutig Partei ergriffen für die benachteiligte Frau. Und Sie haben auch die Ehebrecherin gegen die Saubermänner in Schutz genommen, die selbst Dreck am Stecken hatten.

*Das war die Doppelmoral der Rechtgläubigen.*

Ach, diese Doppelmoral gibt es doch auch heute noch! Verkauft eine Frau sich einem Mann, ist sie eine Hure. Kauft ein Mann sich eine Frau, bleibt er ein ehrenwerter Herr.

*Es ist oft nicht dasselbe, wenn zwei das Gleiche tun.*

Eine Frau darf zwar auch einen Porsche fahren, aber nur, wenn ein Mann ihn bezahlt hat.

*Arme Männer.*

Ihr Männer seid doch die Herren der Schöpfung und beherrscht die ganze Welt. Zuerst wird der Mann geschaffen, von Gott Vater versteht sich.

*Gott hätte zuerst Eva erschaffen sollen und dann aus ihrer Rippe Adam.*

Ja, das mit der Rippe ist auch so eine Sache. Als Jude wissen Sie wohl, warum Gott gerade Adams Rippe gewählt hat. Gott sagte sich: Ich werde nicht das Haupt Adams wählen, damit Eva nicht zu trotzig ihr eigenes Haupt erhebe; weder das Auge, dass sie nicht zu neugierig sei, noch das Ohr, dass sie nicht an den Türen lauschen gehe, weder den Mund, dass sie nicht zu geschwätzig sei, noch die Hand, dass sie sich nicht der Verschwendung hingebe, noch den Fuß, dass sie nicht unablässig ausgehe. Ich werde sie aus einem Teil des Körpers entnehmen, der verborgen ist, damit sie bescheiden wird.

*Ohne Humor ist diese Geschichte nicht zu verstehen.*

Ich finde es gar nicht witzig. Die Frau soll im Verborgenen bleiben und schön brav dienen. Küche. Kinder. Kirche.

*Aber die Schöpfungsgeschichte gibt der Frau und dem Mann doch gleiches Recht. Als gleichwertige Partner hat Gott Mann und Frau geschaffen.*

So steht es doch nur auf dem Papier. Gerade in der Kirche schreit die Gleichberechtigung zum Himmel. Und auch in der Bibel wird das Verhältnis von Mann und Frau immer nur mit den Augen des Mannes gesehen.

*Die Bibel wurde von Männern geschrieben.*

Darum stehe ich auf die Frauen-Bibel. Dort heißt es: Als Gott Adam schuf, übte sie nur. Emma-Bibel 1,1.

*Und in der Frauen-Bibel hat Karin Abel erschlagen?*

Es sind die Männer, die morden und Kriege führen. Männer vergewaltigen Frauen und haben unsäglich viel Leid über die Menschheit gebracht. Frauen sind die besseren Menschen.

*Und darum hätte Maria besser keinen Sohn, sondern ein Mädchen zur Welt bringen sollen.*

Auf jeden Fall ist mir die ganze Heilslehre viel zu männlich. Maria hat doch nur die Rolle, Ja und Amen zu sagen: Mir geschehe nach deinem Wort.

*Ich bin froh, dass Maria Ja gesagt hat.*

Ihre Mutter Maria hat Sie neun Monate in ihrem Schoß getragen, hat Sie gestillt und ernährt. Sie aber haben ihr viel Kummer bereitet. Sie waren ihr großes Sorgenkind.

*Meine Mutter hat mich nicht verstanden, aber sie hat trotzdem zu mir gestanden.*

Und sie stand unter Ihrem Kreuz.

*Sie stand da und musste zusehen, wie ihr Sohn voller Schande stirbt. Ihr Jeschua, auf den sie so viele Hoffnungen gebaut hatte. Es tat mir so Leid, dass ich ihr so wehtat.*

Ihr schmachvoller Tod hat Ihrer Mutter das Herz durchbohrt. Ich kann nicht begreifen, wie Gott-Vater seinen einzigen Sohn am Kreuz opfern konnte. Eine Gott-Mutter hätte das nie getan. Ihr Gottvater hat doch kein Herz und soll barmherzig sein!

*Barmherzigkeit bedeutet in meiner Muttersprache, auf Aramäisch, Mütterlichkeit.*

Aber Sie haben kein einziges Gleichnis über die Mutterliebe erzählt. Ich weiß: Ihr Gottesbild war von patriarchalen Vorstellungen des damaligen Judentums geprägt.

*Auch ich war ein Kind meiner Zeit.*

Allerdings haben Sie auch vieles gesagt und getan, was in der damaligen Männergesellschaft ein absoluter Skandal war. Mit keinem anderen Rabbi sind damals Fischer, Zöllner und auch Frauen mitgezogen.

*Dass Frauen mir gefolgt sind, brachte mich natürlich auch in Verruf: Ein schöner Rabbi, der sich mit diesen Schlampen umgibt. Was da nachts wohl abläuft zwischen den Männern und Frauen? – Sodom und Gomorra?*

Laut Lukas gab es viele Frauen, die mit ihrem Vermögen für Sie und Ihre Jünger sorgten. Manche meinen: Sie seien ein Frauentyp gewesen, der sich von betuchten Damen und Witwen hat aushalten lassen. Was sagen Sie dazu?

*Was möchten Sie denn hören? Dass ich heute auf Kosten einer Frau Porsche führe ...*

Immerhin haben Sie sich sehr wohl von einer allseits bekannten Dame mit sündhaft teurem Parfüm salben lassen.

*Im Gegensatz zu meinem Kassenwart Judas habe ich das nicht als Verschwendung empfunden.*

Sie waren kein Asket wie Johannes der Täufer.

*Ich war den Freuden des Lebens durchaus zugetan.*

Auch den Freuden der sexuellen Befriedigung?

*Wer so fragt, kennt schon die Antwort.*

Unter den Frauen in Ihrer Nähe wird Maria Magdalena immer wieder als Erste genannt.

*Sie stand mir auch am nächsten.*

Weit verbreitet ist immer noch die Meinung, dass die stadtbekannte Dame, die mit ihren Haaren Ihre Füße getrocknet hat,

Maria Magdalena war. Aus ihr sollen Sie sieben Geister ausgetrieben haben, die man in Verbindung mit den sieben Todsünden brachte.

*Maria Magdalena hat offenbar allzu sehr die Fantasie der Männer angeregt. Nach ihrer Vorstellung muss sie wohl eine Dame des horizontalen Gewerbes gewesen sein, jung und verführerisch.*

Manche behaupten, dass Sie mit der schönen Marie verheiratet gewesen seien.

*Man kann einen Menschen lieben, ohne ihn zu heiraten. Zwischen Maria Magdalena und mir gab es eine reine Liebesbeziehung.*

Mehr nicht?

*Mehr kann es zwischen zwei Menschen nicht geben.*

8

# Gegen den Strich

## Gespräch mit einem Künstler

*Ich sehe dort auf Ihrer Staffelei ein Bild. Kommt mir irgendwie bekannt vor.*

Sagen Sie bloß, den kennen Sie.

*Was heißt kennen?*

Ja, wer kennt ihn schon? Er ist der große Unbekannte.

*Selbst wenn er neben einem steht, erkennt man ihn nicht.*

In Jesus gab sich Gott selbst zu erkennen. Er ist das Gesicht Gottes. Ohne Jesus hätte Gott kein Gesicht.

*Gott hat viele Gesichter.*

Aber Jesus hat Gott das menschenfreundliche Antlitz verliehen. In ihm ist Gott sichtbar geworden. Jesus war Gott und Mensch in einer Person.

*An solchen Spekulationen möchte ich mich nicht beteiligen.*

Aber Jesus war doch mehr, viel mehr als ein Mensch. Er war Gottes Sohn.

*Gottes verlorener Sohn.*

Er ist einer von uns geworden und hat gezeigt, was unsereiner sein könnte: Ein Mensch, ein wahrer Mensch.

*So wie Sie?*

Ich bin nur ein armer Künstler, der nicht einmal sein Bild malen kann. Jesus war für mich das Abbild, der Ausdruck der Liebe Gottes. Durch ihn hat Gott gehandelt. Jesus war die Hand Gottes.

*Die linke.*

Wenn ich ihn male, habe ich zwei linke Hände. Unzählige Male habe ich schon versucht ihn ins Bild zu bringen. Aber ich bringe es einfach nicht fertig.

*Er passt nicht ins Bild. Ein unjüdischer Jude. Ein rabiater Rabbi. Der verlorene Retter. Der gescheiterte Erlöser.*

Er vereinigt so viele Widersprüche in sich, dass es wirklich ein Kunststück ist, ihn zu malen.

*Von Anfang an fällt er aus dem Rahmen: unehelich geboren.*

Er passt in kein Schema. Und er hat auch in das religiöse System seiner Zeit nicht hineingepasst.

*Wem sagen Sie das.*

Als Künstler frage ich mich natürlich auch, wie Jesus wohl ausgesehen hat. Doch in den Evangelien ist über sein Aussehen kein Wort zu finden. Während die Evangelisten sonst möglichst alles berichten, um ihn auf ein göttliches Podest zu stellen, ist von seiner Schönheit nirgends die Rede.

*Das spricht eher für das Gegenteil.*

Vielleicht war Jesus tatsächlich nicht so schön, wie wir ihn uns vorstellen. Ein gewisser Celsus beschreibt Jesus als hässlich und klein.

*Er war nicht größer als ich: fünfzehneinhalb Fäuste.*

Ich habe mal gelesen: Er war drei Ellen hoch, von dunkler Hautfarbe, kleinem Wuchs, bucklig, mit langem Gesicht, zusammengewachsenen Brauen. Eine unheimliche Erscheinung.

*Dieses Jesus-Bild ist längst verschwunden. Die Kirche hat ein neues Bild gemalt: Der liebe Heiland. Der gute Hirte, der seinem verirrten Schaf nachläuft.*

So wird er in den Kirchen dargestellt. Mild, sanftmütig, kraftlos. Sanfte Augen, gepflegter Bart, weiche Züge. Ich habe ihn lange Zeit auch so gesehen und zuerst ein mildes, sanftes Jesusbild gemalt. Die meisten fanden es ganz nett. Aber ihm hat etwas gefehlt.

*Der Biss.*

Mir selbst schien dieser Jesus auch zu bleich, zu blass. Als ob die Farbe aus seinem Gesicht gewichen war.

*Kein Mensch aus Fleisch und Blut. Eine Gipsfigur.*

Inzwischen hatte ich erfahren, dass der Mensch Jesus mit der Kunstfigur des Christus nichts zu tun hat. Daraufhin habe ich dann einen ganz anderen Jesus gemalt. Mit kräftigen Farben. Ein kraftvoller, selbstbewusster Mann, der keine Angst kennt. Lange Haare, wilder Bart, feurige Augen.

*Keinen milden, sondern einen wilden Jesus.*

Ja, die Wildheit blitzte ihm aus den Augen. Wer ihn sah, konnte leicht erschrecken. Ein Mann mit einem stechenden Blick und einem blitzflammenden Charakter. Bei ihm mussten die Leute auf einiges gefasst sein. Nicht selten bekam er einen Wutanfall. Im Tempel schlug er urplötzlich mit einem Strick in der Hand auf die Händler ein, stieß ihre Tische um und jagte sie zum Teufel.

*Um Gottes willen.*

Eckig und kantig habe ich ihn gemalt. Ein Mann, der aneckt, anstößt, gegen die Gesetze verstößt. Einer, der die bestehenden Verhältnisse auf den Kopf stellt und die gesellschaftlichen Strukturen sprengt.

*Mit dem Sprengstoff der Liebe.*

Mit der Sprengkraft der Liebe hat Jesus damals das jüdische Establishment erschüttert. Und die Feindesliebe war erst recht purer Dynamit.

*Liebe ist stärker als Hass. Liebe ist die wahre Farbe des Lebens.*

Ja, das habe ich langsam begriffen. Ich habe eingesehen, dass Jesus viel mehr war als ein Revolutionär. So fing ich an, das eckige Jesusbild wieder abzurunden. Bis ich eines Tages den ganzen Jesus durchgestrichen habe. Ich habe so eine Wut bekommen und mir geschworen für immer die Finger von diesem Jesus zu lassen.

*Und dann hat er Sie doch wieder berührt.*

Irgendwie komme ich nicht von ihm los. Einmal bin ich mitten in der Nacht aufgestanden und habe einen Jesus gemalt. Wie oft habe ich schon ein Bild angefangen und es dann nach einer Weile wieder in die Ecke gestellt.

*Als Strafe sozusagen.*

Ich weiß auch nicht, warum ich ihn immer wieder male, malen muss. Irgendetwas fasziniert mich an Jesus, zieht mich zu ihm hin. Umso mehr geht es mir gegen den Strich, dass ich ihn nicht malen kann. Jetzt habe ich wieder angefangen. Seit drei Wochen mache ich schon an diesem Jesus herum. Gefällt er Ihnen?

*Mir gefällt sein offenes Gesicht. Aber es ist zu glatt. Ihm fehlen die Falten.*

Soll ich denn das Leid in seinem Gesicht einzeichnen? Es gibt schon unzählige Bilder des leidenden Christus. Ich kann den Jesus am Kreuz nicht mehr sehen – und auch meine kleine Karin nicht. Vor kurzem zeigte sie auf das Kruzifix und fragte mich: Wer hat den da hingehängt?

*Und was haben Sie ihr gesagt?*

Karin, das verstehst du noch nicht.

*Auch ich kann es immer noch nicht verstehen.*

Ich habe das Kruzifix abgehängt, aber das hat meine Kleine auch nicht verstanden.

*Jetzt hat sie noch mehr Fragen.*

Ja, bald habe ich auch gemerkt, dass man das Kreuz abhängen, aber nicht abhaken kann.

*Der Glaube hat einen Haken: das Leid.*

Manchmal habe ich das Gefühl, dass er mir beim Malen zuschaut und mir etwas sagen will. Vielleicht bilde ich mir das auch nur ein.

*Wenn er Ihnen nichts sagen würde, würden Sie ihn nicht malen.*

Malend komme ich ihm näher, komme ich dem Geheimnis auf die Spur: Mein Gott, ein Mensch. Ein Mensch, der mit anderen mitweint und so mit ihnen mitleidet, als wenn ihr Leid sein eigenes wäre.

*Es gibt kein fremdes Leid.*

Manchmal male ich mir aus, was Jesus heute tun würde.

*Nichts anderes als damals.*

Damals ist er den Verlorenen nachgegangen, hat ihnen die Liebe Gottes nachgetragen. Würde er heute den Verurteilten nachgehen und die Gefangenen in ihren Zellen aufsuchen?

*Dazu bräuchte er einen Schlüssel und den würde man so einem wohl nicht geben. Wer sich über das Gesetz hinwegsetzt, kann der Justiz nicht dienen. Keiner kann zwei Herren dienen.*

Und er hätte die Sicherheitsüberprüfung sicher auch nicht bestanden.

*Eher säße er heute selbst im Knast. Abgelegt im Schließfach.*

Oder er läge in der Klapse. Lahm gelegt mit Psychopharmaka.

*Auf jeden Fall würden sie ihn wieder aufs Kreuz legen. Die Zeiten ändern sich, doch die Menschen nicht.*

Aber die Jesus-Bilder ändern sich. Jede Zeit bringt ein eigenes Bild hervor.

*So wie jeder Künstler sich sein eigenes Bild macht.*

Ich hoffe, dass mein Jesus das Original sichtbar macht und in seinen Augen das Licht Gottes zu sehen ist. Jesus ist für mich der Mensch, der von innen leuchtet.

*Wenn er jetzt noch in Ihnen aufleuchtet und Ihr Leben durchleuchtet, sind Sie der wahre Künstler, auch wenn Ihr Bild niemals fertig wird.*

# Allah hat hundert Namen

## 9 Gespräch mit einem Muslim

Mein lieber Jesus, dass du mit uns Muslimen zusammen betest! Und dann noch in einer Moschee, nach Mekka gerichtet. Ich kann es immer noch nicht glauben.

*Warum denn nicht?*

Ich dachte, du würdest in einer Kirche beten.

*Und ich dachte, wir beten zum gleichen Gott.*

Aber unser Gott heißt Allah, *Al-ilah*: der Gott.

*Glaubst du denn, dass der Gott der Muslime ein anderer als der der Juden und Christen ist?*

Unser Gott und euer Gott ist einer. So steht es im Koran.

*Und so ist es.*

Im Koran steht auch, dass Mann und Frau gleichgestellt sind. Sie wurden beide aus einer Seele, aus einem und demselben Atemzug des Ewigen gleich geschaffen. In vielen islamischen Ländern jedoch werden die Frauen unterdrückt.

*Das hindert dich nicht daran, deine Frau als gleichwertigen Partner zu behandeln. Vor Gott sind alle Menschen gleich, weil er sie alle gleich lieb hat.*

Ich weiß nicht. Mir fällt es schwer zu glauben, dass du und ich vor Allah gleich sind. Ich bin Muslim und du nicht. Muslim ist meine Identität.

*Wenn ich nun Muslim würde, bekäme ich dadurch doch kein anderes Ich.*

Trotzdem habe ich andere Wurzeln als du. Ich bin zuerst und zuletzt Muslim und du bist Christ, der erste Christ.

*Bin ich nicht eher der letzte Jude? Denn verflucht ist jedermann, der am Holze hängt. Die Juden können nicht an einen gekreuzigten Messias glauben.*

Aber für die Christen bist du der Messias, der Christos. Aus dir ist das Christentum hervorgegangen.

*Aber ich wollte doch keine neue Religion gründen und schon gar keine Kirche. Und erst recht keine judenfeindliche Kirche.*

Gott will sicher nicht, dass alle Menschen römisch-katholisch werden.

*Da hast du Recht. Aber du hättest nichts dagegen, wenn alle Menschen Muslime würden.*

Da hast du nicht Unrecht. Denn der Islam ist für mich die wahre Religion.

*Und darum siehst du nicht, was in anderen Religionen wahr und richtig ist.*

Gerade die Christen haben immer einen absoluten Anspruch auf Wahrheit erhoben.

*Ich weiß. Auch die Christen sind blind und blenden die Wahrheit in anderen Religionen aus. Es ist, wie Buddha in seiner Parabel erzählt: Ein König ließ die Blinden seines Reiches zusammenkommen und führte einen Elefanten in ihre Mitte. Dann sagte er zu ihnen: Dies, ihr Blinden, ist ein Elefant. Dann führte er die einen zum Kopf des Elefanten und ließ sie ihn betasten, andere führte er zu einem Fuß, wieder andere zum Rüssel, einige zu einem Ohr, andere zur Schwanzquaste, einige zum Stoßzahn und noch andere zum Rücken. Anschließend bat er die Blinden, ihm zu beschreiben, was ein Elefant sei. Die den Kopf betastet hatten, verglichen ihn mit einem Topf, während diejenigen, welche die Schwanzquaste betastet hatten, den Vergleich eines Besens heranzogen. Die am Fuße gesessen hatten, sprachen von etwas starkem Runden, vergleichbar einer Säule. Während die, welche den Rüssel betastet hatten, das Runde zwar bestätigten, es aber als dünn und elastisch beschrieben, vergleichbar einem jungen Baum. Es begann ein heftiger Streit unter den Blinden über das, was ein Elefant sei, der so weit ging, dass sie sich zu prügeln begannen.*

Eine schöne Geschichte. Jeder hat mit seiner Wahrheit Recht. Aber alle Blinden beschreiben nur einzelne Teile des Elefanten.

*Weil jeder von seiner Teil-Wahrheit so geblendet ist, kommt es zum Streit unter den Blinden.*

Im Kampf unter den Religionen tun wir Muslime uns besonders stark hervor. Viele von uns verstehen sich als Glaubenskämpfer und bekämpfen die Ungläubigen.

*Lange Zeit waren die Muslime für die Christen die Ungläubigen und wurden in ihren Gebieten nicht toleriert.*

Der fundamentalistische Flügel des Islam kennt auch keine Toleranz. Für die Glaubenskämpfer gelten sogar die Muslime als Ungläubige, die vom richtigen Islam abgefallen sind.

*Und was ist der richtige Islam?*

Eine gute Frage. Die Sunniten halten sich für die richtigen Muslime und nehmen für sich die reine Glaubenslehre in Anspruch. Sie verurteilen die Schiiten als Irrlehrer. Die größte Irrlehre ist aber der viel beschworene »heilige Krieg«. Dabei darf der Dschihad, der heilige Krieg, nur dann zur Selbstverteidigung ausgerufen werden, wenn die islamische Welt angegriffen wird.

*Auch ein Glaubenskrieg kann nicht heilig sein.*

Die Gotteskrieger führen den Krieg im Namen Allahs gegen die Ungläubigen und sterben für ihn. Der Heldentod wird laut Koran sofort mit der Aufnahme ins Paradies belohnt. Dort genießen sie viel mehr Privilegien als einer, der einen normalen Tod gestorben ist. Siebzig Jungfrauen werden ihnen in Aussicht gestellt.

*Ach du lieber Himmel!*

Im Koran heißt es: Wenn jemand einen Menschen tötet, ohne dass dieser einen Mord begangen hat ..., so soll es sein, als habe er die ganze Menschheit getötet. Wenn Islamisten Unschuldige töten, können es keine richtigen Muslime sein. Terrorismus lässt sich niemals mit Religion begründen.

*Jede Religion kann für gottlose Zwecke missbraucht werden.*

Religionen haben immer zu Intoleranz, Hass und Krieg geführt, aber sie haben auch zu Toleranz, Mitmenschlichkeit und Frieden beigetragen.

*Aber warum ist der Dialog miteinander so schwer? Was hindert uns eigentlich daran, aufeinander zuzugehen, bis nichts mehr zwischen uns steht?*

Misstrauen, Angst und auch Hass stehen uns bei der Annäherung im Weg. Wir Muslime haben immer noch nicht vergessen, dass Christen viele Jahrhunderte lang unsere heiligen Stätten in Schutt und Asche gelegt haben. Wer nicht an den Christengott glaubte, wurde niedergemetzelt. Keine Religion führte so viele Glaubenskriege wie die christliche.

*Um Gottes willen!*

Auch der Islam hat viel Elend, Kriege und Tränen hervorgebracht. Und heute sind es vor allem Muslime, die an den meisten Konflikten und Krisenherden auf der Welt aktiv beteiligt sind. Allerdings führt die Globalisierung zu einer gewaltigen Ausgrenzung großer Teile der Weltbevölkerung. Millionen Menschen fühlen sich von der westlichen, christlich geprägten Welt total gedemütigt.

*Der Gegensatz zwischen Arm und Reich ist ein Sprengsatz für die ganze Welt.*

Wer die Welt mit den Augen der Ärmsten sieht, sieht auch die Terroristen mit anderen Augen.

*Ich möchte jeden so sehen, wie Gott ihn sieht.*

Ich sehe, dass du die Liebe in Person bist. Du gehst bis zum Äußersten. Aber mit der Feindesliebe gehst du zu weit. Und dann auch noch die andere Backe hinzuhalten. So dumm kann doch keiner sein.

*Und wohin führt das »Aug um Aug und Zahn um Zahn«? Zu immer noch mehr Gewalt und Hass, zu immer noch mehr Toten. Ich preise die Gewaltlosen selig, die Böses nicht mit Bösem vergelten, sondern das Böse durch das Gute zu überwinden suchen und auf die stille Gewalt der Liebe setzen.*

Jesus, du setzt zu sehr auf das Herz. Nichts gegen das Gebot der Nächstenliebe. Aber der Mensch braucht einfache Regeln, die ihm sagen, was er zu tun hat. Der Islam bietet eine Fülle von konkret-praktischen Anweisungen für das Alltagsleben. Fünfmal täglich beten, Almosengeben, Fasten im Monat Ramadan ...

*Selig seid ihr, die ihr fastet und euer Essen und Trinken mit den Armen teilt! Selig seid ihr, die ihr ein Herz für die Schwachen und Wehrlosen habt.*

Die Wohltätigkeit ist ein wichtiger Bestandteil des Islam. Aber die beiden wichtigsten Säulen sind der Koran und der Glaube an Allah.

*Hat Allah nicht hundert Namen? Ich kenne nur einen davon. Der gefällt mir besonders gut: Der Allerbarmer.*

Der Allerbarmer, der Barmherzige braucht ein ganz großes Herz, damit die Menschen sich mit ihren Sorgen und Nöten an ihn wenden können.

*Der Allerbarmer erbarmt sich aller, die von dem einen Gott her kommen, aber getrennte Wege gehen.*

Immerhin gehen wir in die gleiche Richtung. Wir haben ja auch den gleichen Stammvater Abraham und sind eigentlich eng miteinander verwandt.

*Verwandte streiten sich oft heftiger als Fremde.*

Umso wichtiger, dass wir weiter miteinander reden statt gegeneinander. Solange wir uns nicht verstehen, kann es keinen Frieden auf Erden geben. Doch der Dialog wird erst möglich sein, wenn wir miteinander den Großen Gott anbeten.

*Und uns vor ihm verneigen bis auf den Boden.*

# 10 Wann fängt das Alter an?

## Gespräch mit einer alten Frau

Bist du der neue Zivi?

*Dazu bin ich zu alt.*

Du bist doch noch jung. Ich bin vielleicht dreimal so alt wie du. Doch darum brauchst du mich nicht zu beneiden.

*Jeder möchte aber alt werden.*

Doch niemand will es sein. Schau dich hier in der »Seniorenresidenz« einmal um. Dann siehst du, wer hier alles residiert. Viele sind so verwirrt, dass sie ihren eigenen Namen nicht mehr kennen. Und wie viele wissen nicht, wo sie sind.

*Ist das nicht oft besser so?*

Ja, es ist nicht schön, mitzubekommen, wie man von den eigenen Kindern ins Altenheim abgeschoben wird. Ich habe damals meine Eltern aufgenommen und dann die Mutter meines Mannes bis zu ihrem Tod daheim gepflegt. Dafür bekomme ich hoffentlich im Himmel meinen Lohn.

*Hast du deine Eltern nicht auch aus Liebe zu dir genommen?*

Wenn ich ehrlich bin, habe ich es vor allem aus Pflichtgefühl getan. Aber die Jungen fühlen sich heutzutage zu nichts mehr verpflichtet. Die denken doch nur noch an sich. Meine Kinder kommen an Weihnachten auf dem Weg in den Skiurlaub geschwind hier vorbei und drücken mir ein paar teure Geschenke in die Hand, statt dass sie mir ihre Zeit schenken. Sie haben doch so viel Freizeit.

*Aber keine freie Zeit.*

Wir hatten früher keine Zeit frei für uns. Was glaubst du, wie wir schaffen mussten. Aber damals war alles anders. An so etwas wie Urlaub war überhaupt nicht zu denken. Und was wir alles zu Fuß gelaufen sind!

*Denkst du noch oft an die Zeit zurück, als du noch jung warst?*

Was heißt jung? Ich habe auch einmal geglaubt, dass alle über 30 schrecklich alt sind. Ich kann mich noch gut an meinen 40. Geburtstag erinnern. Der ist mir voll in die Knochen gefahren. Das ist doch noch kein Alter, hat man mir versichert. Dann bin ich 50, 60, 70 geworden und immer hat man mir noch gesagt: Das ist doch noch kein Alter. Mit 80 bin ich angeblich in das beste Alter gekommen. Als ich 90 wurde, hat man gemeint, dass ich erst 30 bin – mal drei. Jetzt bin ich bald hundert und inzwischen glaube ich selbst: Das ist doch noch kein Alter.

*Toll. Dann kannst du mir auch nicht sagen, wann das Alter anfängt?*

Es fängt dann an, wenn du dich alt fühlst.

*Man sagt: Ein Mensch ist so alt, wie er sich fühlt.*

Ich fühle mich heute eigentlich nicht anders als mit 50 oder 70. Ich bin immer noch die Alte!

*Deinen Humor hast du jedenfalls nicht verloren.*

Ohne Humor trocknen wir aus, wie eine Blume ohne Wasser. Und damit ich nicht verwelke, brauche ich viel Wasser. Wie heißt es im Psalm? Der Mensch blüht wie die Blume des Feldes. Fährt der Wind darüber, ist sie dahin. Mein Gott, wenn ich daran denke, wie viele aus meinem Umfeld schon gestorben sind. Es ist nicht schön, allein zurückzubleiben. Du kannst zu niemanden mehr sagen: Weißt du noch damals?

*Wenn du deine Erinnerungen nicht mehr mit anderen teilen kannst, fühlst du dich oft sehr allein.*

Ja, aber ich will nicht klagen. Alles in allem bin ich froh, dass ich so alt geworden bin. Aber wo sind alle die Jahre geblieben? Wie im Flug sind sie vergangen.

*Und kein Tag kommt mehr zurück.*

Ach, wenn doch nur ein einziger Tag noch einmal wiederkehren könnte von der Zeit, als die Kinder noch klein waren. Es war so schön! Ich verstehe nicht, dass ich damals nicht glücklicher gewesen bin.

*Der Mensch fühlt sich oft nicht glücklich in der Zeit, in der er gerade lebt.*

Ich habe auch erst im Nachhinein gemerkt: Damals hatte ich eigentlich alles, um glücklich zu sein. Es ist so schön, sein eigenes Kind zu stillen oder es in den Armen zu halten. Oder sein Kleines an die Hand zu nehmen und mit ihm die ersten Schritte zu tun. Hast du auch Kinder?

*Nein. Ich bin solo. Single, wie man so sagt.*

Dir ist die Richtige noch nicht über den Weg gelaufen, aber das kommt noch. Du musst warten können. Was du von Herzen wünschst, das schenkt dir der Himmel.

*Vielleicht bin ich auch nicht der Richtige, um mit einer Frau durchs Leben zu gehen.*

Ja, für manche ist es besser, wenn sie nicht heiraten. So war es auch mit meinem Frank. Keine sieben Jahre hat die Ehe gehalten. Die zwei haben auch nicht zusammengepasst. Ich habe das gleich gemerkt. Aber Liebe macht blind. Doch das sehen die Verliebten nicht. Und wenn ihnen dann die Augen aufgehen, ist es zu spät. Das wäre alles nicht so schlimm, wenn keine Kinder da wären. Aber der Frank und seine Ex hatten einen Jungen und ein Mädchen. Die Simone kam zum Frank und sie hat den Julian bekommen. Halbe-halbe.

*Die Kleinen werden mit den Möbeln aufgeteilt. Ein Kind braucht aber beide Elternteile.*

Die Kinder sind die Leidtragenden. Aber nun sind beide inzwischen selbst groß. Die Simone hat schon ein Kind, den David. Was aus dem wohl werden wird? Die Simone geht arbeiten und bringt den Kleinen morgens in aller Frühe in die Kinderkrippe. Sie sagt, das ist das Tolle an Berlin: Da kann man sein Kind schon mit zwei Jahren abgeben.

*Viele wollen Kinder haben und wollen sie doch nicht haben.*

Ach ja, die Jungen bekommen keine Nestwärme mehr, aber einen Haufen Zeug geschenkt. Das war bei uns noch ganz anders. Wir waren sieben Kinder. Meine Eltern waren arm. Wir hatten nichts.

*Aber du hattest deine Eltern und Geschwister.*

Und mein Vater sagte immer: Kinder, ihr müsst lernen mit nichts glücklich zu sein. Wenn ich so zurückschaue, sehe ich, dass ich mit meiner Familie tatsächlich da am glücklichsten war, als wir am wenigsten hatten.

*Das siehst du jetzt.*

Die Kriegsjahre waren besonders hart und auch die Zeit danach. Ich stand allein da mit drei kleinen Kindern. Mein Mann war in russischer Gefangenschaft. Fünf Jahre lang. Da muss er Furchtbares durchgemacht haben. Aber darüber hat er nicht gesprochen. Er hat immer nur gesagt: Die Jahre möchte ich nicht vermissen.

*Verstehst du das?*

Heute verstehe ich es. Ich möchte auch die vier Monate nicht missen, als mein Mann schwer krank mit Bauchspeicheldrüsenkrebs dalag. Ich habe ihn von Kopf bis Fuß versorgt, alles für ihn getan. Oft war ich mit meiner Kraft am Ende und manchmal wäre ich am liebsten auf und davon gelaufen. Es war teilweise unerträglich. Trotzdem bin ich dankbar für diese Zeit. Mein Mann und ich sind uns noch einmal ganz nahe gekommen. Mein Mann war 72, als er starb. Viel schlimmer hat mich der Tod von meinem Jüngsten getroffen. Mein Horst war gerade 20, als er mit dem Motorrad verunglückte. Darüber bin ich bis heute nicht hinweggekommen, obwohl das schon so lange zurückliegt. Von ihm konnte ich mich vorher nicht verabschieden.

*Du musstest ihn so gehen lassen.*

Ich frage mich oft heute noch, wie ich das damals geschafft habe, hinter dem Sarg von meinem Jungen herzugehen und an seinem offenen Grab zu stehen. Heute könnte ich das nicht mehr. Aber damals hatte ich die Kraft. Ich glaube, Gott gibt uns in jeder Situation so viel Kraft, wie wir brauchen. Aber er gibt sie uns nicht im Voraus.

*Sonst würden wir denken, dass wir Gott nicht brauchen.*

Aus eigener Kraft hätte ich manches tatsächlich nicht geschafft. Ein paar Mal stand plötzlich ein Engel neben mir und hat mir aus der Not geholfen. Jeder Mensch braucht einen Engel.

*Und für deinen kranken Mann warst du der Engel.*

Wie es am Ende wohl bei mir sein wird? Hoffentlich muss ich nicht noch lange leiden. Wer wird mir die Hand halten? Vielleicht Flora, die Afrikanerin. Sie ist so freundlich.

*Vielleicht halten deine Kinder dir die Hand und helfen dir, den letzten Schritt zu tun.*

Ach du, ich weiß nicht, ob ich das möchte. Dann ist es noch schwerer für mich zu gehen, wenn die mich halten. Vielleicht sterbe ich auch einen Sekundentod und kriege gar nichts mit.

*Wer nichts mitbekommt, dem wird nichts mitgegeben.*

Ja, ich möchte eigentlich schon wissen, wie das Sterben geht. Aber ich habe auch Angst, viel Angst. Angst vor den Schläuchen und Apparaten. Angst, dass man mich nicht sterben lässt. Am liebsten wäre mir, nachts im Schlaf zu entschlafen.

*Und drüben aufzuwachen.*

Ja, da bin ich mal gespannt. Ich hoffe so sehr, dass ich dann meinen Mann wieder sehe und meinen Horst und alle meine Lieben. Ich vertraue einfach darauf, dass am Ende alles gut wird. Gott wird's wohl machen.

*Darauf kannst du dich getrost verlassen.*

# 11 So eine wie ich

## Gespräch mit einer Drogenabhängigen

Na, Süßer.

*Eine schöne Begrüßung.*

Ich stehe aber nicht hier, um die Leute zu begrüßen.

*Ich weiß.*

Dann weißt du wohl auch, dass ich die Kohle brauche für den nächsten Schuss. Vorhin hätte ich mit einem Typen mitgehen können, aber der hat nur zehn Euro geboten. Unter einem Zwanziger ist bei mir nichts drin. Da kann ich noch so affig sein. Ein Zwanziger ist schon billig genug. Ich lasse meinen Wert nicht noch weiter herabsetzen.

*Du bist doch viel mehr wert.*

Schau mich doch an. Ich bin übersät mit Abszessen. Aber so ist das bei uns Junkie-Nutten. Unsere Freier sind oft Männer, die tagsüber den piekfeinen Herrn spielen müssen. Abends suchen sie dann den Dreck. Die geilen sich an unserem Elend richtig auf und lassen dann ihre dreckige Fantasie an uns aus. Ich verstehe selbst nicht, wie so eine wie ich noch einen Mann anmachen kann. Du siehst ja, wie ich aussehe.

*Du hast ein hübsches Gesicht.*

Die Freier schauen auf etwas anderes. Manche stört selbst der dicke Bauch nicht. Als ich schwanger war, bin ich damals bis zwei Wochen vor der Geburt auf den Strich gegangen. Mir blieb keine andere Wahl. Aber es gibt so Typen, die stehen auf Schwangere. Die sind doch nicht sauber.

*Sondern krank.*

Krank im Kopf. Du glaubst nicht, wie viele Verrückte du hier triffst. Vor kurzem fragt mich so ein Psychopath, wie viel es kostet, wenn er mich anpinkeln darf. Einmal hat mir einer 2000 Euro geboten, wenn ich seine Scheiße fresse. Aber das konnte ich nicht. Ich habe ihm gesagt: Friss deine Scheiße selbst! Du Scheißkerl! Manche glauben, dass sie alles mit uns machen können. Für die Freier sind wir nur Freiwild. Zum Abschuss freigegeben. Viele nutzen uns aus und leben ihre Machtgefühle voll an uns aus. Übrigens, ich heiße Tanja und du?

*Jesus.*

Ach, Jesus. Du, hier sind viele unterwegs, die nicht richtig ticken. Also bist du Jesus. Freut mich für dich. Und was treibt Jesus hier auf dem Strich?

*Ich kam gerade hier vorbei. Als ich all das Elend sah, konnte ich nicht vorübergehen. Tanja, dein Leid rührt mich an.*

Wie rührend. Ich brauche dein Mitleid nicht. Ich brauche nur Kohle. Aber wenn du Jesus bist, hast du selbst nichts.

*Alles was ich habe, ist ein großes Herz.*

Davon kann ich mir nichts kaufen. Mein lieber Jesus, wenn du mich so reden hörst, meinst du vielleicht, dass ich kein Herz mehr habe und es mir nichts ausmacht, auf den Strich zu gehen. Du glaubst gar nicht, wie schwer das am Anfang für mich war. Ich konnte mich nicht einfach zu den anderen Frauen hinstellen oder in der Straße auf und ab laufen, denn ich hatte über den Drogenstrich schon so viele schreckliche Dinge gehört. Da bin ich zuerst einmal in die Seitenstraßen gegangen, aber da war niemand. Ganz vorsichtig habe ich mich dann in die Strich-Straße hineingewagt und ich habe mehrere Vaterunser gebetet.

*Die sind bestimmt angekommen.*

Aber das Beten hat auch nichts genutzt. Denn zweimal bin ich auf dem Strich vergewaltigt worden. Mehrfach wurde ich zusammengeschlagen, ausgeraubt oder aus dem Auto geworfen: Schlampe, wasch dich erst mal! Und ein Messer hatte ich auch schon am Hals. Aber was soll's? Manche »Kolleginnen« haben noch viel mehr mitgemacht. Einige wurden sogar ermordet. Seit mehr als fünfzehn Jahren habe ich im Sumpf überlebt.

*Leben ist mehr als Überleben.*

Du, solche Sprüche kannst du dir sparen. Jeder Tag ist für mich der reinste Überlebenskampf. Ich brauche jeden Tag mindestens siebzig Euro für den Stoff. Das sind drei Freier. Dafür stehe ich hier manchmal zehn Stunden, bei Wind und Wetter, Tag und Nacht. Früher hatte ich das gar nicht nötig. Da hatte ich ein paar Stammfreier und habe fünf Kilo, einen Fünfhunderter, in einer Nacht gemacht. Und alles mir in die Venen gejagt. Da war ich noch jung und hübsch. Aber die Zeit ist längst vorbei. Inzwischen ist die Konkurrenz auch viel größer. Du siehst ja selbst, wie viele hier stehen.

*Und alle hängen an der Nadel.*

Nicht alle. Da ist die Frau aus Russland. Die macht es schon für zehn Euro. Ein Zehner ist viel, sagt sie. Zehn Euro ist ein Wochenende Essen für meine Kinder.

*Arme Kinder.*

Das denke ich manchmal auch, wenn ich hinten im Auto eines Freiers den Kindersitz sehe. Viele Freier haben Familie. Sie sagen ihrer Frau, dass sie zum Kegeln oder zum Einkaufen gehen. Manche sind auf Durchreise und fahren abends noch kurz über den Strich.

*Arme Frauen.*

Manche Freier sind ganz schüchtern und fahren achtmal an dir vorbei, bevor sie anhalten. Dann reden sie erst einmal um den heißen Brei herum. Andere fragen gleich: Wie viel? Was kostet blasen? Ich schäme mich, dass ich alles für Geld mache. Aber das Ganze ist nur ein Geschäft: Ware gegen Kohle. Ich kann bei dem Geschäft nur mitmachen, wenn ich dabei an einen schönen Druck denke. Nach jedem Freier hole ich mir beim Dealer den Stoff und setze mir den Druck.

*Du drückst dein Elend weg.*

Ja, wenn ich drauf bin, vergesse ich alles und fühle mich einfach glücklich, glückselig, total geborgen wie im Mutterleib. Es ist, als wäre ich in einer Hülle, die mich umgibt und beschützt vor allem, was von außen kommt. Für kurze Zeit bin ich die, die ich nicht bin.

*Sondern die, die du sein möchtest.*

Und so bin ich rund um die Uhr auf der Jagd nach dem Stoff, der mein Leben erträglich machen soll und es zugleich zerstört. Das ist ja gerade der Wahnsinn. Das ist nicht zu verstehen.

Sucht ist wie Hunger. Ein ganz starkes Verlangen nach etwas, was man unbedingt haben muss. Wenn die Gier mich packt, da bin ich nicht zu halten. Ich bin dann so gierig, dass man mich auf einem Stuhl festbinden müsste.

*Und so bist du gefangen in deiner Sucht.*

Ich habe schon einige Ausbruchsversuche hinter mir und mehrmals eine Therapie gemacht. Aber es dauerte nicht lange und ich hing wieder an der Nadel. Auch im Knast habe ich versucht von den Drogen loszukommen, aber nach der Entlassung habe ich mir gleich wieder einen Druck gemacht und mir gesagt: Einmal ist keinmal.

*Nur noch ein Tag. Morgen höre ich auf.*

Genau. Auch wenn ich aufhören möchte, die Angst vor dem Entzug treibt mich immer wieder zum nächsten Schuss. Die Schmerzen sind furchtbar. Du hast so'n Durchfall, musst immer wieder spucken. Die Nase läuft ständig. Du schwitzt dich zu Tode. Du kannst nicht mehr essen, nicht mehr schlafen. Sogar die Zigarette schmeckt dir nicht mehr. Du frierst von innen und möchtest ständig im warmen Wasser liegen. Du fühlst dich so nackt. Du hast nur noch einen Gedanken: Wie komme ich zum Gift? Da gibt es nur eines: Anschaffen gehen. Manchmal will ich mit der ganzen Scheiße aufhören, wirklich aufhören und ein neues Leben anfangen: ohne Drogen und Dreck, ohne Freier, ohne Knast ... Aber dieses andere Leben macht mir auch Angst. Was soll ich denn tun, wenn ich nicht mehr ständig hinter dem Stoff her sein muss?

*Du hast Angst vor der Leere.*

Ja, ich habe Angst vor der Leere. Ich habe Angst, dass mir bewusst wird, wie ich die besten Jahre meines Lebens vergeudet habe. Ich habe Angst vor meinen Gefühlen. Ich habe Angst, dass mein Junge mich fragt: Mutter, wo warst du all die Jahre? Warum bin ich zu der Oma gekommen und warum hast du dich nicht sehen lassen? Mein Dennis ist inzwischen schon 15. Ich mache mir solche Vorwürfe, dass er ohne mich aufgewachsen ist – und ohne Vater. Ich weiß, wie schwer das ist.

*Du hattest keinen Vater?*

Naja. Als ich vier war, ist mein Vater von zu Hause fortgegangen. Das war so schlimm für mich, dass ich ihn in der Wohnung immer wieder gesucht habe. Wie oft habe ich mich vor die Tür gesetzt und auf ihn gewartet! Jeden Morgen habe ich meine Mutter gefragt: Mama, ist der Papa heute Nacht heimgekommen? Und dann setzte ich mich wieder vor die Tür und wartete und wartete. Eines Tages sagte meine Mutti: Wie lange willst du denn noch warten? Dein Papa hat dich längst vergessen. Ich besorge dir einen neuen Papa. Und was für einen! Dieses gottverdammte Schwein.

*Wie bitte?*

Ja, dieses Schwein ist schuld, dass ich hier stehe. Zwei Tage vor meinem zehnten Geburtstag hat er mich vergewaltigt. Es war der Anfang einer unendlichen Leidensgeschichte. Drei Jahre lang ging diese Tortur. Mit 14 bin ich von zu Hause abgehauen und dann später in ein Heim gekommen. Mit 17 war ich schwanger. Frag mich nicht, von wem. Von irgendeinem Freier auf dem Strich.

*Du großer Gott.*

Den kannst du vergessen.

*Aber er vergisst dich nicht.*

Das sagst du, Jesus. Aber ich frage dich: Wo war er denn, als dieses Schwein sich über mich hermachte? Wie oft habe ich ihn angefleht: Lieber Gott, wenn du mich liebst, dann hol mich bitte, bitte zu dir! Aber ich hätte genauso gut mit der Wand reden können. Nicht ein einziges Mal ist dein Gott mir zur Hilfe gekommen. Doch immer wieder hat er zugelassen, dass dieses Ekel mir Gewalt antat. Drei Jahre lang. Da habe ich den Glauben an Gott verloren.

*Auch wenn du nicht mehr an ihn glauben kannst, dennoch liebt er dich, Tanja.*

Damals war ich auch noch so naiv zu glauben, dass mein Stiefvater mich liebt. Und ich habe ihn auch noch geliebt. Ich hatte Angst, ihn zu verlieren, seine Liebe.

*Seine so genannte Liebe.*

Ich glaube: Gott liebt die Falschen. Meinem Stiefvater ist damals nichts passiert. Und auch die zwei Männer, die mich eine halbe Nacht lang vergewaltigt haben, laufen draußen immer noch frei herum. Sie hatten mir ein Tuch mit Äther unter die Nase gehalten. Mitten im Wald bin ich nackt erwacht. Wo war da Gott?

*Er war bei dir und hat mit dir gelitten, aus Liebe zu dir.*

Liebe. Liebe. Liebe. Ich kann das Wort nicht mehr hören. Ich verkaufe Liebe.

*Du verkaufst Sex. Liebe ist nicht käuflich.*

# 12 Anders als andere

## Gespräch mit einem Schwulen

Ich heiße Günter und ich bin schwul.

*Ich bin Jesus und manche halten mich für schwul.*

Sie glauben, dass du ein Verhältnis mit deinem Lieblingsjünger Johannes hattest. Er lag beim letzten Abendmahl an deiner Brust und du ließest ihn gewähren.

*Johannes war mein Liebling.*

Ich hätte nichts gegen einen schwulen Jesus. Aber da gibt es auch ganz andere. Das hast du an den Reaktionen gesehen bei dem Theaterstück »Corpus Christi«. Da sitzt Jesus mit Schwulen am Tisch. Die Leute waren entsetzt: Pfui Teufel! Es gab heftige Proteste. Der Regisseur wurde mit Morddrohungen bombardiert. Schließlich musste das Stück abgesetzt werden.

*Ein starkes Stück.*

Im Theater, im Fernsehen und in der Werbung ist Schwulsein in. Aber im wirklichen Leben sind Schwule vielfach out, Außenseiter. Trotz aller Toleranz erfährt unsereiner immer noch viel Ablehnung. Da gibt es so viel verborgenes Leid, das nicht ans Licht kommt. Das Versteckspiel ist so unwürdig.

*Du sprichst aus eigener Erfahrung.*

Schon als ich neun war, hatte ich so eine Ahnung. Mit zwölf habe ich dann gewusst: Ich bin wirklich anders als andere und fühle mich zu Jungen hingezogen. Damals habe ich besonders darauf geachtet, dass ich keine tuntige Bewegung mache. In mein Tagebuch habe ich alles nur in Geheimschrift geschrieben. So vorsichtig war ich. Aber am schlimmsten war, dass ich mit niemandem darüber reden konnte.

*Mit niemandem?*

Eines Tages habe ich es unserem Kaplan gebeichtet. Der galt als aufgeschlossen und hatte einmal eine Jazz-Band in die Kirche geholt. Er sagte mir: Bete, bete, bete. Gott lenkt dich um. Ich habe gebetet, nachts schweißgebadet gebetet: Lieber Gott, bitte nimm's weg! Mach mich normal! Aber es änderte sich nichts.

*Schwulsein lässt sich nicht wegbeten.*

Ja, ich habe bald gespürt, dass Gott mich nicht umlenkt. Ich fühlte mich immer mehr zu Jungen hingezogen und konnte mit Mädchen nichts anfangen. Dabei hat meine Mutter mir immer wieder gesagt: Dir fehlt nur die richtige Freundin. Sie wollte, dass ich eine Familie gründe und Kinder habe, so wie andere auch.

*Und sie wie andere Mütter auch Enkel hat.*

Wenn ich »normal« wäre, hätte ich es leichter im Leben und bräuchte mich über manches nicht so zu ärgern. Besonders ärgerlich ist für mich, dass die Kirche uns Schwulen das Leben immer noch schwer macht. Rom versetzt uns mit seinen Verlautbarungen immer wieder einen Tritt. Kein Wunder, dass viele Schwule austreten. Sie werden aus der Kirche getreten.

*Wer aus der Kirche austritt, tritt nicht von Gott weg.*

Wir Schwule und Lesben sind nicht gottlos, auch wenn die Kirche uns als Sünder ansieht.

*Die Kirche kann sich aber nicht auf mich berufen. Kennst du ein Wort von mir, das sich gegen Schwule und Lesben richtet?*

Nein. Du hast dich nie abfällig über Homosexuelle geäußert. Du nimmst jeden an, so wie er ist. Aber du kommst mit deiner Botschaft nicht gegen die Lehre der Kirche an. Wenn ich als Mann einen Mann liebe, macht mich diese Liebe verwerflich. Kann denn Liebe Sünde sein?

*Auch die Liebe zwischen zwei Männern ist ein Abbild der Liebe Gottes zu uns.*

Aber die Kirche verlangt von uns das Opfer der Enthaltsamkeit und sagt, dass wir zur Keuschheit berufen sind.

*Das wäre ein Verrat an eurer Berufung. Schwule und Lesben sind dazu berufen, ihr Anderssein zu leben und ihre Mitmenschen zum Anderen, Ganz-Anderen hinzuführen.*

Das sieht aber der Papst ganz anders. Er verbietet uns Schwulen einander zu lieben. Wie soll ich denn mein Anderssein leben, wenn ich meine Lebensenergien unterdrücken soll?! Wie soll ich mein Schwulsein leben, wenn ich meinen Körper verleugnen soll? Ich kann nicht als »Nobody« leben. Und was soll ich von den Stellen in der Bibel halten, die die Todesstrafe für so einen wie mich fordern?

*An erster Stelle steht die Liebe Gottes. Und die bestraft nicht die Zuneigung zwischen zwei Männern.*

Aber wir können uns doch nicht platonisch lieben; der Liebesakt gehört doch dazu.

*Wenn zu meiner Zeit ein Mann mit einem Mann verkehrte, galt das als Verrat an der Männlichkeit. Für die patriarchalen Zeitgenossen war es unbegreiflich und widernatürlich, dass Männer auf die Macht über die Frau verzichteten.*

Trotzdem hauen uns die Frommen auch heute noch die Bibelstellen um die Ohren.

*Die selbstgerechten Frommen richten gerne über andere. Sie sehen den Splitter im Auge des anderen, aber nicht den Balken im eigenen. Ihnen ist es ein Dorn im Auge, dass das Liebesgebot allen Menschen gilt.*

Und wie soll ich meinen Nächsten lieben wie mich selbst, wenn ich mich selbst nicht lieben darf?

*Ich sage dir: Gott hat dich so gewollt, wie du bist. Und darum bist du wie jedes Geschöpf liebenswert, wert geliebt zu werden.*

Aber warum kann uns denn die Kirche nicht lieben? Warum schweigt sie uns Schwule und Lesben tot? Dabei gibt es mehr als genug schwule Priester. Ich hatte eine Zeit lang einen Pfarrer als Freund. Er hieß Frank und führte zwei Leben.

*Zwei Leben in einem Menschen. Das ist nicht menschlich. Kein Mensch kann auf die Dauer zwei Rucksäcke tragen.*

Und ein Leben lang eine Lüge leben. Ein verlogenes Leben.

*Ein verlorenes Leben.*

Die Wahrheit ist, dass viele Schwule nicht zu sich selbst stehen können. Sie gehen erst einmal den normalen Weg, bis sie nicht mehr anders können. So war es auch bei meinem Freund Lothar. Er hatte Frau und zwei Töchter. Lothar hat alles getan, um es geheim zu halten.

*Und er musste doch immer Angst haben, dass es herauskommt.*

Als die Wahrheit dann ans Licht kam, brach eine Welt zusammen. Seine Frau fühlte sich betrogen. Seine Töchter konnten es nicht glauben und schämten sich. Und er selbst wäre vor Scham am liebsten in den Boden versunken.

*Während du dich heute offen zu deinem Schwulsein bekennst.*

Deswegen hat Lothar mich stets beneidet. Wir beide waren fast 25 Jahre miteinander verheiratet. Lothar hatte Aids. Aber wir haben einander wirklich geliebt. Was hat er mir zuliebe nicht alles ausgehalten! Und ich habe aus Liebe zu ihm mein Letztes gegeben. Und deshalb tut es mir so weh, dass die Kirche sich weigert, die Liebe zwischen zwei Männern als richtige Liebe anzusehen.

*Wenn zwei sich wirklich lieben, gibt es keine richtige und falsche Liebe.*

Für mich ist homosexuelle Liebe der heterosexuellen Liebe gleichwertig. Und deshalb hätten wir auch gern kirchlich geheiratet, aber die Kirche segnet uns doch erst, wenn wir im Sarg liegen.

*Du und Lothar, ihr wart füreinander ein Segen.*

Als Lothar dann in meinen Armen starb, habe ich ihm noch einen letzten Kuss gegeben und dann hat er gelächelt. Dieses Lächeln hat mich davon abgehalten, das zu tun, was ich mir fest vorgenommen hatte. Ich wollte nach seinem Tod aus dem Fenster des Krankenzimmers springen, mit dem Kopf nach unten, damit ich sicher tot bin. Das ist jetzt schon fünf Jahre her.

*Und du siehst immer noch sein Lächeln.*

Seine Liebe gibt mir die Kraft weiterzuleben.

*Und wenn du stirbst, ist eure Liebe noch längst nicht gestorben.*

# 13 Saubere Hände

## Gespräch mit einem Bischof

*Herr Bischof, eher geht ein Kamel durch ein Nadelöhr, als dass so einer wie ich zu Ihnen durchkommt.*

Ich bitte Sie.

*Ihre Vorzimmerdamen und Ihr Sekretär haben sich mir in den Weg gestellt, aber ich lasse mich von niemandem aufhalten. Schon lange wollte ich mit Ihnen mal unter vier Augen reden.*

Darf ich fragen, um was es denn geht?

*Um die Sache Jesu.*

Ach so.

*Bei Ihrer Bischofsweihe haben Sie die Worte Jesu in den Mund genommen: Er hat mich gesandt, damit ich den Armen eine gute Nachricht bringe, damit ich den Gefangenen die Entlassung verkünde ... Haben Sie den Mund da nicht zu voll genommen?*

Wie meinen Sie das?

*Von den vielen hundert Gefangenen in Ihrer Bischofsstadt hätten Sie doch wenigstens ein paar Freigänger zu Ihrer Weihe einladen können. Und wie viele Arme waren da? Ich selbst wurde auch nicht in den Dom hereingelassen.*

Das tut mir Leid. Leider mussten viele draußen bleiben.

*Drinnen saßen die hohen Herren aus Politik und Wirtschaft. Würdenträger und Ordensritter. Damen mit schönen Hüten, wohl behütet. Eine geschlossene Gesellschaft. Die Armen werden ausgeschlossen.*

Sie vergessen wohl, was die Kirche für die Armen alles tut. Und im Gefängnis haben wir eigene Seelsorger. Die Menschen hinter Gittern liegen uns sehr am Herzen. Ich gehe jedes Jahr am Heiligabend ins Gefängnis.

*Das ist eine schöne Geste. Aber warum immer nur an Weihnachten und warum nicht an einem ganz normalen Tag? Nicht um zu predigen, sondern um zu hören, was die Gefangenen Ihnen zu sagen haben?*

Von mir aus gerne, aber Sie wissen offenbar nicht, wie gefüllt mein Terminkalender ist und wie viele Gemeinden und Gruppierungen auf einen Besuch von mir warten.

*Ja, Sie sind ein besonders gefragter Mann, ein Sklave Ihres Terminkalenders. Mit Ihren vielen Verpflichtungen, Sitzungen, Empfängen tun Sie mir manchmal richtig Leid. Sie sind selbst ein Gefangener.*

Das kann man wohl sagen. Ich wäre oft auch lieber draußen bei den Menschen, um mir ihre Nöte anzuhören und ihre Sorgen mit ihnen zu teilen. Ich möchte manchmal einfach Seelsorger sein. Aber wie soll ich das? Ich kann doch nicht für alle da sein.

*Nein, das können Sie nicht. Aber nach Ihren eigenen Worten bei der Bischofsweihe ist Ihr Platz an erster Stelle bei den Armen und Gefangenen. Bei den Kriminellen sind Sie in guter Gesellschaft. Schließlich tragen Sie ja auf Ihrer Brust das schöne Kreuz von einem, der als Verbrecher hingerichtet wurde.*

Jesus Christus hatte aber nichts verbrochen, sondern nur religiöse Gesetze gebrochen.

*Was heißt da »nur«? Wie gehen Sie denn mit einem Pfarrer um, der heiratet? Sein Name erscheint nicht einmal mehr im Personalverzeichnis. Er ist ausgelöscht, als ob es ihn nie gegeben hätte. Vor kurzem starb in Ihrer Diözese ein verheirateter Priester. Er durfte nicht einmal kirchlich beerdigt werden. Verboten!*

Das Kirchenrecht, der Codex Iuris Canonici, lässt in diesem Fall keine andere Entscheidung zu.

*Ein guter Hirte, der dem Kirchenrecht mehr gehorcht als dem Gebot der Nächstenliebe! Jeder Mörder bekommt ein kirchliches Begräbnis. Der verheiratete Priester wird schlimmer behandelt als ein Verbrecher! Was ist das für eine Kirche, die den verlorenen Sohn mit offenen Armen aufnimmt, aber einen Priester in Ungnade fallen lässt, weil er eine Frau liebt?*

Wir kennen durchaus Gnade mit Mitbrüdern, die gegen das Zölibatsgesetz verstoßen.

*Und wie! Sie schließen gnädig die Augen und wollen gar nicht sehen, wie viele Priester eine Geliebte haben. Sie wollen nicht wahrhaben, dass eine ganz große Zahl Ihrer Priester offen oder heimlich mit einer Frau zusammenlebt. Die meisten bleiben in Amt und Würden und führen ein Doppelleben.*

Kein Pfarrer wird gezwungen, zwei Leben zu leben. Jeder Priester kann einen Antrag auf Laisierung stellen, um sich wieder zurück in den Laienstand versetzen zu lassen.

*Das Laisierungsverfahren ist genauso demütigend und erniedrigend wie das Gerichtsverfahren einer Eheannullierung. Da wird eine Ehe für null und nichtig erklärt.*

Die kirchlichen Richter können nach sorgfältiger Prüfung der Sachverhalte zu der Feststellung kommen, dass die Eheschließung im rechtlichen Sinn ungültig und damit eine Nicht-Ehe war. Damit sagen wir aber nicht, dass eine ungültige Ehe nichts ist.

*Es geht hier doch um eine gescheiterte Beziehung zweier Menschen, um eine zerbrochene Lebensgemeinschaft. Bei kirchlichen Eheprozessen kommt aber zuerst der Paragraph und dann der Mensch.*

Sie tun so, als seien wir Unmenschen.

*Ich weiß: Bischöfe sind auch nur Menschen.*

Danke. Auf jeden Fall sind wir in jeder pastoralen Notlage um eine gütliche Lösung bemüht.

*Und was ist mit der Not der Frauen, die einen Priester lieben? Was wird aus den Kindern, die einen Priester zum Vater haben, der nicht zu ihnen stehen darf? Oder meinen Sie eine solche Not mit Geld lindern zu können?*

Manchmal ist Geld die letzte Notlösung.

*Auch mit Geld können Sie den Schaden nicht beheben, den der Zölibat vielfach anrichtet. Immer mehr Gemeinden haben keinen eigenen Seelsorger mehr. Ohne Rücksicht auf Verluste wird die Sorge um die Seelen einem Kirchengesetz geopfert!*

Das müssen Sie dem Heiligen Vater in Rom sagen.

*Ich sage es Ihnen, weil Sie für die Seelsorge in Ihrer Diözese die Verantwortung tragen. Gemeinden bluten aus und die Seelsorge stirbt. Die Kirche leistet aktive Sterbehilfe, die sie anderen sonst verbietet!*

Das verbitte ich mir.

*Ich bitte Sie, Herr Bischof. Sie sind doch der Hirte Ihrer Herde. Und als guter Hirte liegen Ihnen die »schwarzen Schafe« besonders am Herzen: schwule Pfarrer, geschiedene kirchliche Mitarbeiter, alkoholkranke Priester, Geistliche, die Frauen und auch Kinder missbrauchen ...*

Hören Sie auf!

*Hören Sie auf, so zu tun, als ob es das alles in der Kirche nicht gäbe. Hören Sie auf, den schönen Schein zu wahren. Hören Sie doch endlich auf, die wiederverheirateten Geschiedenen von den Sakramenten auszuschließen.*

Gerade in der Frage der Wiederverheirateten sind wir um eine pastorale Lösung sehr bemüht.

*Solche salbungsvollen Worte können die Menschen nicht mehr hören. Die Kirche wird nicht an ihren Worten, sondern an ihren Taten gemessen. Was hat die ganze Scheindiskussion für die schwangeren Frauen gebracht? Die Bischöfe haben die schwangeren Frauen in ihrer Not im Stich gelassen und sind dem Papst zuliebe aus der Konfliktberatung ausgestiegen.*

Als Bischöfe sind wir dem Papst zum Gehorsam verpflichtet.

*Gott sei Dank gibt es unter Ihren Mitbrüdern in Deutschland wenigstens einen, der Widerstand geleistet hat. Alle anderen sind gleich eingeknickt und haben sich der römischen Machtzentrale gebeugt. Steht das Gewissen nicht über dem Papst?*

Ja, aber ...

*Euer Ja sei ein Ja, euer Nein ein Nein. Nun stehen die Herren Bischöfe schön sauber da und waschen ihre Hände in Unschuld.*

Aber ...

*Kein Aber. Kein Gelaber. Ein Mann trat am Ende seines Lebens vor den Herrgott und sagte: »Schau, Herr, meine Hände sind sauber.« »Ja«, antwortete der Herr, »aber sie sind auch leer!«*

Ich habe keine Angst vor dem Letzten Gericht.

*Beim Letzten Gericht wird Sie nur eines richten: ob Sie den Notleidenden Barmherzigkeit erwiesen haben. Ich war hungrig und ihr habt mir zu essen gegeben ... Ich war im Gefängnis, und ihr habt mich besucht. Was ihr dem geringsten Menschen tut, das habt ihr mir getan.*

Matthäus 25.

*Wo was in der Bibel steht, ist uninteressant. Wo stehen Sie? Wo stellen Sie sich auf die Seite der Ausgegrenzten und Ausgebeuteten? Wo setzen Sie sich für die Notleidenden ein? Es gibt keinen Weg zu Gott an den Armen vorbei.*

Der Einsatz für die Armen ist gewiss ein ganz wichtiger Dienst der Kirche. Aber auch der Staat kann diesen Dienst leisten. Dagegen ist aber der Gottesdienst die ureigenste Aufgabe der Kirche.

*Wer dem Menschen dient, dient Gott. Menschendienst ist Gottesdienst.*

Sie wollen doch wohl nicht sagen, dass der Mensch Gott ist und beide gleich sind.

*Wenn Menschen Not leiden, leidet auch Gott. Und wenn die Hungrigen zu essen bekommen, ist damit auch Gott gedient.*

Und umgekehrt ist auch Gottesdienst Dienst am Menschen. Der Gottesdienst gibt den Menschen Halt im Glauben, bestärkt sie in der Hoffnung und vermehrt die Liebe.

*Liebe vermehrt sich, indem man sie verschenkt.*

In der Tat.

*Ja. Die Sache Jesu ist eine TATsache. Ihre Hände sind gefragt, Ihr Handeln. Ihre Füße, Ihr Eintreten für die Schwachen.*

Nun muss ich Sie um Entschuldigung bitten. Aber ich habe jetzt eine ganz wichtige Sitzung mit dem Herrn Ministerpräsidenten.

*Wichtig ist, dass Sie sich bei den Regierenden für die Benachteiligten und Armen einsetzen.*

# 14 Gott ist größer als alle Religionen

## Gespräch mit einem Buddhisten

Überqueren wir die Straße und gehen wir aufeinander zu.

*Wenn jeder auf seiner Straßenseite bleibt, können wir uns nicht begegnen.*

Jesus, du hast vieles mit Buddha gemeinsam. Beide wart ihr obdachlos, heimatlos.

*Wir alle sind nur vorübergehend auf Erden und gehen heim.*

Deine Worte sprechen mich sehr an. Mit der Bergpredigt sprichst du mir aus der Seele.

*Als Buddhist hast du mir auch manches zu sagen. Und wir können miteinander beten.*

Aber mit dem Vaterunser tun wir Buddhisten uns schwer. Uns kommt es manchmal so vor, als ob Gott für Christen und Juden zur Familie gehört. Er ist sozusagen der Pater familias. Du hast Gott selbst auch mit »mein Vater« angesprochen.

*Ich habe ihn mit Abba angeredet. Das ist eigentlich ein Lallwort des Kindes und bedeutet Papa. Für meine jüdischen Zeitgenossen war es höchst unehrerbbietig, ja undenkbar, Gott mit einem solch familiären Namen anzureden. Für die Juden bleibt der Name Gottes unausgesprochen.*

Wir Buddhisten haben gar keinen Namen für Gott. Buddha war vom Großen Geheimnis so überwältigt, dass er ihm keinen Namen geben wollte. Deshalb sprach Buddha vom »Absoluten Nichts«. Die östlichen Religionen können nichts über Gott sagen, weil er ein großes Geheimnis ist und bleibt.

*Deshalb gibt es für Juden das Gebot, kein Bild von Jahwe zu machen. Jahwe geht über jedes Menschenbild hinaus.*

Aber ist dein Gott-Vater nicht auch ein Bild? Vater ist doch das Bild für einen Menschen, dem ich zwar viel verdanke, der aber doch auch nur ein begrenztes Wesen ist. Wenn ich sterbe, ist mein Vater nicht mehr da.

*Mein Vater war immer für mich da, allzeit zu sprechen. Ich habe mit ihm so vertraut geredet wie ein Kind mit seinem Papa. Ihm habe ich voll und ganz vertraut. Aus diesem unbedingten Vertrauen zu meinem Vater habe ich gelebt.*

Als Buddhist geht es mir auch um die gelebte Erfahrung. Um Gott zu erfahren, muss ich aber gott-los werden.

*Wie meinst du das?*

Ich muss alles, was ich über Gott denke, loslassen, alle Begriffe weglassen, um dem unfassbaren Geheimnis zu begegnen. Es ist nicht in Worte und Begriffe zu fassen. Ein Gott, der in einen Begriff gefasst ist, ist überhaupt kein Gott.

*Auch wenn ich Gott nicht begreife, vertraue ich ihm. Seiner Liebe traue ich alles zu.*

Liebe ist auch wieder ein Begriff, mit dem der Mensch nach Gott greift. Aber Gott ist nicht zu greifen. Er ist ein unbegreifliches Geheimnis.

*Ich glaube auch, dass Gott anders, ganz anders ist, als wir ihn uns denken. Und erst recht anders, als wir ihn uns wünschen. Ich hätte mir auch gewünscht, dass mein himmlischer Vater mich vom Kreuz holt und mir diesen schandvollen Tod erspart.*

Aber wenn Gott der Ganz-Andere ist, warum nennst du ihn denn Vater?

*Ich kann Gott auch Mutter nennen.*

Vater und Mutter sind Einschränkungen, Begrenzungen des unbegreiflich großen Geheimnisses. Worte grenzen ein, begrenzen. Gott ist das Unbegrenzte, sagen die Taoisten.

*Gott ist die Liebe. Und die kennt keine Grenzen. Die Liebe hebt die Grenze auf zwischen dir und mir, zwischen Palästinensern und Juden, zwischen Europäern und Asiaten. Alle miteinander sind wir umfangen von der Liebe Gottes.*

Wir Buddhisten bringen Gott nicht mit der Liebe in Verbindung. Wir reden eigentlich gar nicht über Gott.

*Aber Gott liebt uns doch leidenschaftlich! Er leidet, weil die Menschen seine Liebe für ohnmächtig halten. Doch die Liebe ist auch ohne Macht mächtig.*

Die Liebe macht uns aber auch verwundbar, wund. Wie viele sind verwundet durch betrogene Liebe? Wie viele sind verletzt, weil niemand sie liebt? Liebe ist eine Quelle des Leidens.

*Aber die Liebe lässt den Menschen nicht nur leiden, sondern macht ihn auch glücklich. Je mehr einer den anderen liebt und sich ihm hingibt, umso glücklicher ist er.*

Manche halten dich für den glücklichsten Menschen, der je gelebt hat. Dabei hast du dich zu Tode geliebt.

*Am Kreuz habe ich wie so viele andere geschrien: Mein Gott, mein Gott, warum hast du mich verlassen?*

Diese Frage ist uns Buddhisten fremd. Wir kennen die Frage nicht, die so viele Christen plagt und quält: Wie ist all das Leid in Einklang zu bringen mit einem liebenden Gott? Warum lässt Gott uns leiden, wenn er uns doch so liebt?

*Aber was sagt ihr denn zu all dem Leid, das zum Himmel schreit? Warum müssen unschuldige Kinder leiden und sterben?*

Das Karma ist der Schlüssel des rätselhaften Leids. Mein jetziges Leben ist das Ergebnis meiner Taten in früheren Leben. Handle ich jetzt in diesem Leben gut, werde ich nach meinem Tod unter günstigeren Bedingungen wiedergeboren werden.

*Die Lehre der Wiedergeburt nimmt dem Menschen die Angst vor dem Tod und hilft ihm, sein Leid ohne Klage oder Verbitterung gegen Gott anzunehmen.*

Der Buddhist sieht das Leid als gerechte Strafe für sein früheres Leben an. Jeder bekommt das, was er verdient.

*Demnach haben Millionen von Kindern auf der Welt nichts Besseres verdient, als den Hungertod zu sterben. Das kann ich nicht glauben. Welche Schuld sollen denn diese Unschuldigen in einem früheren Leben auf sich geladen haben?*

Das kann ich dir nicht sagen. Aber ich glaube, dass alles, was geschieht, gut ist, auch wenn nichts in Ordnung ist.

*Selbst wenn die Armen an ihrem Elend selbst schuld wären, müssen wir ihnen helfen. Der Kampf gegen die soziale Ungerechtigkeit ist doch gerecht.*

Viele Buddhisten kümmern sich auch um die Notleidenden. Doch im Vergleich zu deinem radikalen Einsatz für den Nächsten ist unser soziales Engagement eher bescheiden. Du hast uns gezeigt, was wahre Liebe ist.

*Ich bin ja nicht gekommen, um das Leid zu erklären. Für mich sind Krankheit und Not eine Aufforderung zu noch mehr Liebe, zu noch mehr Zuwendung. Die mitleidende Liebe gilt allen Menschen.*

Und was ist mit den Tieren? Sind sie nicht auch Geschöpfe Gottes?

*Auch das Tier hat eine Seele.*

Das sagst du lieber erst einmal den Christen, die sich so aufspielen, als seien sie die Herrscher über die Schöpfung. Nirgends gibt es so viele gequälte Tiere wie in den christlichen Ländern.

*Während ihr keine Fliege tötet.*

Das allumfassende, liebende Mitleid sollte eigentlich den Christen auch nicht fremd sein.

*Es gibt kein fremdes Leid. Was der andere leidet, ist mein Leid. Sein Schmerz tut mir weh.*

Unzählige sind aber so in ihrem Ich gefangen, dass sie mit anderen nicht mitleiden können. Bis zur Erlösung der Ich-Sucht ist es ein langer, langer Weg. Vielen genügt die goldene Regel: Was du nicht willst, das man dir tut, das füge keinem anderen zu.

*Ich sage: Was du von anderen erwartest, das tue auch ihnen.*

Ja, wenn das die Menschen täten, hätten wir schon fast das Paradies auf Erden. Wir Buddhisten und Christen haben im Prinzip die gleichen ethischen Grundforderungen und Gebote. Und trotzdem wenden sich viele vom Christentum ab und möchten Buddhisten werden. Ihnen gefällt, dass wir keine Kirche sind und es bei uns keine Dogmen gibt. Und die Lehre der Wiedergeburt ist für den westlichen Menschen eine großartige Möglichkeit, sich selbst zu verwirklichen.

*Die Vorstellung, mehrmals leben zu können, mag für andere verlockend sein, für mich aber nicht. Ich möchte zwar auch neu geboren werden, aber nicht noch einmal auf diese Welt kommen. Mir reicht einmal.*

Wir Buddhisten sprechen selbst vom Fluch der Wiedergeburt. Die Erlösung besteht freilich darin, nicht mehr wiedergeboren werden zu müssen. Aber bis der Mensch in die endgültige Erlösung eingeht, in das Parinirvana ohne Wiedergeburt, braucht er viele Leben.

*Ich glaube, dass jeder Mensch nur einmal lebt und jedes Leben einmalig und unwiederholbar ist.*

Aber du glaubst doch auch, dass der Mensch im Tod wieder neu geboren wird und in Gott seine Vollendung findet?

*Ja, aber ich glaube nicht, dass der Mensch aus eigener Kraft seinen Weg vollenden kann. Gott kommt ihm entgegen und schenkt ihm die Erlösung.*

Aber wenn die Erlösung ein Gottesgeschenk ist, braucht der Mensch sich nicht um ein gutes Leben zu bemühen. Dann ist es egal, wie einer lebt. Der Sünder bekommt den gleichen Lohn wie der Heilige. Sag bloß, dass der Mörder am Ende seines Lebens genauso gut dasteht wie du als wahrlich großer Meister. Nicht zu fassen.

*Sagtest du nicht, dass Gott ein unfassbares Geheimnis ist? Er ist größer als alle Religionen.*

Wer weiß, der redet nicht. Wer redet, der weiß nicht. Und darum lasst uns miteinander schweigen.

*Und so gemeinsam beten.*

# 15 Richtet nicht!

## Gespräch mit einem Richter

Herr Jesus. Sie haben vieles gesagt, was bedenkenswert ist. Aber ich halte Ihr Wort »Richtet nicht!« für besonders bedenklich.

*Das kann ich mir denken.*

Ich denke nicht, dass Ihr »Richtet nicht!« sich gegen uns Richter richtet. Ohne Richter und Gerichte, Strafrecht und Strafvollzug würde es nur noch Mord und Totschlag geben. Sie würden einen Mörder wohl auch nicht laufen lassen?

*Mord beginnt im Kopf.*

Trotzdem ist es ein großer Unterschied, ob ich in Gedanken einen Mord begehe oder ihn in der Tat ausführe.

*Aber das Schuldigwerden beginnt nicht erst mit der Tat, sondern schon im Gedanken daran. Darum begeht der bereits Ehebruch, der die Frau eines anderen auch nur mit Blicken haben will oder sie in Gedanken begehrt.*

O Gott, bin ich froh, dass Sie nicht mein Richter sind!

*Und was wäre, wenn Sie damals mein Richter gewesen wären?*

Ich hätte Sie nicht verurteilt. Denn Sie hatten nichts verbrochen und keinem Unrecht getan.

*Ich habe immer Gnade vor Recht ergehen lassen und die Sünden vergeben. Dass ich es den Gesetzlosen so leicht mache, haben mir die selbstgerechten Pharisäer nicht verziehen. Wer den Gesetzestreuen im Weg steht, der muss weg!*

Für viele waren Sie wohl auch deshalb ein Stein des Anstoßes, weil Sie religiöse Tabus verletzt und oft das Gebot der Sabbatruhe übertreten haben. Warum haben Sie die Frommen so provoziert?

*Wenn ich einen Mensch leiden sehe, muss ich ihm jetzt helfen und kann die Hilfe nicht auf morgen verschieben. Auch dann nicht, wenn heute Sabbat ist.*

Sie haben Gesetze gebrochen, um anderen zu helfen. Die »normalen« Gesetzesbrecher denken nur an sich, wenn sie andere bestehlen und betrügen, Autos aufbrechen und in fremde Wohnungen einbrechen. Drei von vier Straftätern sitzen wegen Eigentumsdelikten.

*Und sie werden oft härter bestraft als andere, die Frauen vergewaltigt oder einem das Leben genommen haben. Eigentum ist eine heilige Kuh.*

Aber der Staat muss Eigentum doch beschützen!

*Hinter dem Schutz des Eigentums steht die Angst zu teilen. Angst vor Nachteilen. Angst, zu wenig zu haben. Die gleiche Angst treibt manche zu Diebstahl und Raub. Mancher Straftäter nimmt sich in seinen Augen nur, was er braucht.*

Ich bitte Sie, Herr Jesus, wo kämen wir denn hin, wenn jeder sich einfach nimmt, was er braucht!

*Tun Sie das nicht auch? Sie verbrauchen fünfzigmal mehr Nahrung, Energie und Rohstoffe als Ihr Bruder in der Dritten Welt. Sie rauben Ihren Kindern und Enkeln die Lebensgrundlagen. Sie verpesten die Luft und vergiften das Wasser. Woher nehmen Sie sich das Recht, über einen Kaufhausdieb oder Bankräuber zu richten?*

Aber Sie können das eine nicht mit dem anderen vergleichen! Im juristischen Sinne bin ich nur dann schuldig, wenn ich gegen die vom Staat aufgestellten Gesetze verstoße.

*Auch wenn Sie nach dem Gesetz unschuldig sind, können Sie schwere Schuld auf sich geladen haben.*

Der Staat stellt ein Verhalten nur dann unter Strafe, wenn es als gemeinschaftsschädlich gilt.

*Warum werden dann Umweltsünden so milde bestraft? Was ist mit den Schäden, die durch Gewaltverherrlichung in den Seelen der Kinder und Jugendlichen angerichtet werden? Sind die Fernsehanstalten nicht schuld, dass junge Menschen zu Mördern werden? Und warum sitzen im Gefängnis vor allem die Kleinen, während die Großen draußen meist frei herumlaufen, obwohl sie die Gemeinschaft durch krumme Geschäfte weitaus mehr geschädigt haben?!*

Es ist eben viel leichter, die Kleinen als die Großen zu fangen. Jedenfalls sitzen nicht nur kleine Fische in Haft, sondern auch viele Gewaltverbrecher, Sexualstraftäter und Mörder, die unschuldigen Opfern großes Leid zugefügt haben.

*Ich weiß. Viele Opfer und ihre Angehörigen haben oft jahrelang unter den Folgen einer Straftat zu leiden und brauchen genauso Hilfe wie die Täter.*

Oft noch mehr Hilfe.

*Viele verstehen überhaupt nicht, dass man Menschen hilft, die andere bestohlen, ausgeraubt, vergewaltigt oder umgebracht haben. Viele sagen: Die im Knast sind doch selbst schuld! Und darum verdienen sie keine Hilfe. Selbst schuld! Dieses Urteil ist leichtfertig. Was maßen sich denn Menschen an, so ein hartes, hartherziges Urteil über andere zu fällen? Bevor einer sich zum Richter über einen anderen aufspielt, sollte er erst einmal eine Zeit lang in dessen Schuhen gegangen sein. Dann wird er merken, wie leicht man da strauchelt, fällt, straffällig wird.*

Bei vielen wundere ich mich auch nicht, dass sie kriminell geworden sind. Und bei manchen wäre es ein Wunder, wenn sie nicht auf die schiefe Bahn gekommen wären.

*Viele haben von Kindesbeinen an einen schweren Kreuzweg zu gehen. Das Leid, das sie selbst durchlitten haben, zahlen sie eines Tages anderen heim. Der Geschlagene wird zum Schläger, der Betrogene zum Betrüger, das Opfer zum Täter. Das ist nicht immer so, aber oft, allzu oft ist es so.*

Aber mit dem schlechten Elternhaus allein lässt sich das Böse nicht erklären. Manche sind trotz schwerer Kindheit anständige Bürger geworden.

*Aus jedem Kind kann ein guter Mensch werden. Und keiner wurde als Mörder geboren.*

Aber auch wenn ein Kindesmörder selbst als Kind misshandelt und missbraucht wurde, wollen die Eltern, dass der Mörder ihres Kindes hart bestraft wird. Und nicht nur bei einem Kindesmord rufen viele nach der Todesstrafe.

*Wer die Todesstrafe fordert, hat es nötig. Er braucht die Strafe, damit er selbst nicht zum Mörder wird. Wer am lautesten ruft, steht dem Täter am nächsten.*

Gut, dass das die Leute am Stammtisch nicht hören.

*Der Mörder muss deshalb so hart bestraft werden, weil das Herz des Menschen eine Mördergrube ist. Jeder hat eine Leiche im Keller.*

Das erzählen Sie mal Ihren Christen. Gerade Kirchgänger gehen mit Kriminellen oft besonders hart ins Gericht. In so genannten »schwarzen Gegenden« werden die härtesten Urteile gefällt.

*Die Christen haben offenbar vergessen, dass sie den Namen eines zum Tode Verurteilten tragen.*

Ihr Kreuz hängt immer noch in vielen Gerichtssälen.

*Als ob die Urteile dort in meinem Namen gesprochen würden! Unter meinem Kreuz werden Menschen öffentlich entblößt, aufs Kreuz gelegt und mit Paragraphen festgenagelt! Und die Richter selbst sind fixiert auf den Buchstaben des Gesetzes.*

Es ist gut, dass wir an das Gesetz gebunden sind. Das schützt den Angeklagten vor Willkür und bewahrt ihn vor einer zu hohen Strafe. Grundlage für die Zumessung der Strafe ist die Schuld des Täters.

*Wie können Sie die Schuld des Täters messen, wenn feststeht, dass seine Tat durch andere mitverschuldet wurde? Wie groß ist die Schuld der Frau, die ihren betrunkenen Mann im Schlaf auf dem Sofa mit der Bierflasche erschlägt, nachdem er sie und die Kinder viele Jahre lang geschlagen und gedemütigt hat?*

Ja, in diesem Fall ist die Schuld der Frau so eng mit der Schuld des Mannes verknüpft, dass es sehr schwer ist, ihren Schuldanteil objektiv zu beurteilen.

*Aber die Frau wurde zu sieben Jahren Haft verurteilt.*

Sie hätten ihr wohl gesagt: Gute Frau, geh hin und sündige von nun an nicht wieder.

*Und jetzt ist sie ins Gefängnis gekommen und ihre Kinder ins Heim.*

Die Kinder sind oft die Leidtragenden einer Inhaftierung. Aber manchmal ist eine Verurteilung unumgänglich. Glauben Sie mir, Herr Jesus! Bei manchen Angeklagten möchte auch ich beide Augen zudrücken, aber ich muss auch den Opfern und ihren Angehörigen ins Gesicht sehen können. Tätern und Opfern gleichermaßen gerecht zu werden ist nur schwer möglich. Das kann eigentlich kein Mensch.

*Darum könnte ich kein Richter sein. Ich würde mit manchem Opfer zu sehr mitfühlen. Und mancher Täter täte mir nur Leid. Ich würde mich auch fragen, was ich an seiner Stelle getan hätte.*

Das ist doch eine rein hypothetische Frage.

*Keine Frage. Sie hätten doch auch den Weg des Angeklagten gehen können und das werden, was er geworden ist. Hätten Sie seine Tat nicht auch tun können?*

Ich könnte niemanden töten.

*Das hat der Täter auch einmal gedacht. Sie glauben, dass Sie besser sind als der Mensch, der vor Ihnen steht und sitzen über ihn zu Gericht. Wenn Sie auf gleicher Augenhöhe mit ihm wären, würden Sie im Angeklagten Ihren Bruder erkennen, den dunklen Bruder in Ihnen. Der Täter hat das getan, wozu Sie auch fähig sind. Trotzdem verurteilen Sie ihn.*

Ich verurteile eigentlich nicht ihn, sondern seine Tat. So wie Sie die Sünde verurteilen, aber nicht den Sünder.

*Ich liebe den Sünder mit seiner Sünde und sondere ihn nicht von der Gemeinschaft ab.*

Die Gemeinschaft schickt Straftäter ins Gefängnis, weil sie sich gegen ihre sozialschädlichen Angriffe wehren muss. Oder sollen wir Kinderschänder nicht einsperren? Strafe muss sein.

*Muss aber Strafe so sein, dass sie Menschen kaputtmacht?*

Viele meinen aber, dass der Strafvollzug viel zu lasch ist und es den Gefangenen zu gut geht. Ich denke das manchmal auch.

*Sie saßen auch noch nicht hinter Gittern. Dann würden Sie sicher anders urteilen und viele nicht mehr so verurteilen.*

16

# Pumuckl und Pepe

## Gespräch mit einem anderen Jesus

Endlich, endlich kann ich einmal mit dem richtigen Jesus reden.

*Gibt es auch einen falschen Jesus?*

Der steht hier vor dir. Aber das ist eine lange Geschichte.

*Erzähl sie mir.*

Ich wurde in Deutschland geboren. Aber meine Eltern sind Spanier, fromme Leute. Sie wollten, dass ihr Junge Jesus heißt. Doch der Standesbeamte erklärte ihnen, dass der Name Jesus nicht zulässig sei.

*Auf Deutsch: verboten.*

In Spanien ist Jesus ein gebräuchlicher Name. Aber in Deutschland darf kein Junge Jesus genannt werden, weil dadurch die religiösen Gefühle der Gläubigen verletzt würden. Mein Vater und meine Mutter aber wollten unbedingt ihren eigenen Jesus haben. Schließlich sei es doch wohl Sache der Eltern und nicht des Staates, ihrem Kind einen Namen zu geben. Der Beamte wies darauf hin, dass die Eltern ihrem Kind aber keinen Namen geben dürften, der anstößig sei. So sei zum Beispiel auch der Name Störenfried nicht zulässig. Da las ihm meine Mutter die

Leviten: Jesus war doch kein Störenfried, sondern ein ganz friedlicher, lieber Mensch!

*Wenn er so lieb gewesen wäre, hätte man ihn wohl nicht ans Kreuz geschlagen.*

Als dann der Mann vom Rathaus den Vorschlag machte, ihr Kind statt Jesus Petrus zu nennen, war das für meine Eltern ein Schlag ins Gesicht. Petrus hat Jesus doch verraten, tobte meine Mutter. Dann können wir ihn gleich Judas nennen. So blieb dem Beamten am Ende nichts anderes übrig, als beim zuständigen Amtsgericht einen entsprechenden Antrag zu stellen. Bis dahin, so belehrte er sie, habe das Kind allerdings keinen Namen. Aber das hinderte meine Eltern natürlich nicht daran, mich Jesus zu nennen, Jesulino.

*Das klingt fast wie Jeschua.*

Inzwischen war ich schon über sechs Monate alt und hatte immer noch keinen amtlichen Namen. Das Amtsgericht hatte abgelehnt und so kam die Sache Jesus zu der nächsten Instanz. Das Landgericht fasste ebenfalls den Beschluss, dass der Vorname Jesus nicht zulässig sei.

*Mein Gott, bin ich froh, dass ich nicht in Deutschland auf die Welt gekommen bin.*

Hier hättest du Pumuckl oder Winnetou heißen können oder auch Napoleon oder Nemax. Nemax' Mutter arbeitet an der Börse. Mädchen bekommen den Namen Mercedes, weil die Deutschen auf das Auto mit dem Stern abfahren. Wer weiß schon, dass früher der spanische Vorname Mercedes anstelle von Maria gebraucht wurde. Aus religiöser Ehrfurcht durfte kein weibliches Wesen den Namen deiner Mutter tragen.

*Und heute trägt ihn eine Blechkiste. Welche Ehre!*

Kein Kind darf dagegen auf den Namen Porsche getauft werden. Auch Lenor ist verboten, während Persil und Sunil erlaubt sind.

*Arme Kinder. Sie müssen immer sauber sein.*

In Deutschland kannst du auch deinen Familiennamen ändern lassen. Für runde 300 Euro machen die auf dem Standesamt aus dem Herrn Sau einen Mister Schlau. Hitler wird zu Mitler. Alles kein Problem. Aber wehe, wenn du Jesus heißen sollst! Dann bist du rettungslos verloren.

*Dabei bedeutet ja gerade der Name Jesus: Gott rettet!*

Inzwischen gab es für meinen Fall nur noch eine Rettung: die letzte Instanz, das Oberlandesgericht. Meine Eltern waren guter Hoffnung, nachdem die höchsten Richter den Namen Andalucia für zulässig erklärt hatten. Andalucia war im Urlaub in Andalusien gezeugt worden. Doch in meiner Sache blieb das höchste Gericht hart und kannte keine Gnade mit Jesus. Die Herren Richter beriefen sich wiederum auf die verletzten religiösen Gefühle der Christen in Deutschland.

*Armes Deutschland.*

Meine Eltern verstanden Gott und die Welt nicht mehr. Sie waren so enttäuscht, dass sie in ihre Heimat zurückkehrten. Dort hat niemand etwas gegen Jesus und so wurde mein bisheriger Rufname ins Stammbuch eingetragen. Nun hatten meine Eltern es endlich schwarz auf weiß: Ihr Sohn heißt Jesus, genauer: Jesus Maria.

*Dann trägst du auch noch den Namen meiner Mutter.*

Und mein Vater heißt eigentlich so wie deiner. In der lateinischen Kirchensprache wird Josef, dein vermeintlicher Vater, »pater putativus« genannt. Abgekürzt: P. p. = Pepe.

*Das kommt mir spanisch vor.*

In meiner Klasse gab es noch einen Jesus. Der war so, wie sich meine Eltern ihren Jesus vorgestellt hatten: brav, lieb, pflegeleicht, fromm und ein guter Schüler. Ich dagegen war kein Musterknabe, sondern ein echter Lausbub. Auch im Religionsunterricht hatte ich nur Blödsinn im Kopf. Mit Jesus hatte ich nichts am Hut. Ich war sauer auf ihn; schließlich war er schuld, dass ich so oft gehänselt wurde.

*Dann muss ich mich bei dir entschuldigen.*

Eigentlich war ich selbst schuld, dass ich so ein schlechter Jesus war. Aber als Jesus hat man es auch nicht leicht.

*Wem sagst du das.*

Aber du hast Dinge getan, die sonst keiner fertig gebracht hat. Heimlich habe ich dich bewundert. Deine Wunder haben mir imponiert. Du konntest über das Wasser laufen. Du hast den Sturm gestillt. Du hast Wasser in Wein verwandelt.

*O Jesus!*

Ich habe mich oft gefragt, wie macht der Jesus das nur. Einmal habe ich selbst versucht, auf dem Wasser zu gehen, aber das war ein Reinfall.

*Auch Petrus hat es nicht geschafft. Zu ihm habe ich damals gesagt: Üben, üben, üben, mein Sohn!*

Tja, der Name Judas hätte besser zu mir gepasst. Ich habe mich oft als dein Verräter gefühlt.

*Du bist aber nicht Judas, sondern Jesus. Und es ist gut, dass es dich gibt.*

Manchmal kann ich den Namen Jesus nicht mehr hören. Wie oft habe ich ihn schon verflucht. Und wie oft habe ich meine Eltern verwünscht, weil sie mir von Kindesbeinen an mit diesem Namen eine so schwere Last aufgebürdet haben. Kein Mensch kann so gut, so heilig sein wie du. Wie sehr ich mich auch bemüht habe, ich war nicht würdig, deinen großen Namen zu tragen. Immer wieder habe ich mich als Versager gefühlt. Als ich dann noch drogenabhängig wurde, war ich erst recht der Schandfleck der Familie. Meine Mutter schämte sich in Grund und Boden.

*Das kommt mir ziemlich bekannt vor.*

Das ganze Dorf war gegen mich aufgebracht: Jesus der Junkie! Da hat nicht mehr viel gefehlt und die Leute hätten gerufen: Ans Kreuz mit ihm! Ich bin dann abgehauen und nach Deutschland gegangen. Dort hoffte ich Arbeit zu finden, denn bei uns in Andalusien sind so viele arbeitslos. Ich wollte ein neues Leben beginnen. Doch die Sucht war stärker als alle meine guten Vorsätze. Bald hing ich wieder an der Nadel.

*An deinem Kreuz.*

Ich habe mich selbst angenagelt.

*Das tut noch mehr weh, als wenn andere dich ans Kreuz schlagen.*

Ich bin fest fixiert auf meine Fixe. Manchmal fühle ich mich wie du am Kreuz, von Gott und der Welt verlassen. Manchmal denke ich: Mir geht es wie dir. Ich bin zum Gespött der Leute geworden.

*Ich weiß, wovon du redest.*

Ein schöner Jesus, der sich und andere kaputtmacht, mit Drogen handelt und auch noch die Seuche hat. Ich habe Aids. Im Knast wurde mir das Todesurteil eröffnet. Das hat mir den Rest gegeben. Seitdem bin ich voll drauf und mir ist alles egal. Ich weiß, dass jeder Schuss der Letzte sein kann. Aber was soll's. Manchmal wäre ich froh, wenn ich nicht mehr aufwachen würde. Dann hätte ich endlich meine Ruhe. Schon fünfmal hatte ich eine Überdosis, aber jedes Mal hat man mich wieder zurückgeholt. Ich glaube: Der da oben will mich noch nicht.

*Er hat wohl noch etwas mit dir vor. Erst wenn du deine Aufgabe erfüllt hast, ruft er dich.*

Und worin soll meine Aufgabe bestehen? Dass ich Service mache? Ich gebe anderen Junkies sterile Spritzen, damit sie sich nicht mit Hepatitis oder HIV infizieren. Ich gebe ihnen sauberes Wasser und einen Alkoholtupfer. Für die Junkies bin ich der Jesus-Doc. Und was für ein Doktor! Ich helfe anderen, sich selbst zu zerstören. Wer sich selbst nicht spritzen kann, dem setze ich den Druck. Manchmal drücke ich das Heroin oder das Kokain einem direkt in den Hals, damit der Kick schneller kommt.

*Und was hast du davon?*

Für den Service bekomme ich den Rest auf dem Löffel oder den Filter, durch den sie den Stoff aufziehen. Nebenbei mache ich auch immer noch ein paar Geschäfte. Ich vermittle dem Dealer Kunden und bekomme dafür ein paar Plomben. Wenn ich sehe, wie jemand auf Affe ist, verschenk ich auch mal eine. Auch den Mädchen, die anschaffen gehen, gebe ich manchmal etwas ab. Ich bin kein guter Geschäftsmann.

*Aber ein guter Jesus.*

17

# Geld ist Gott

## Gespräch mit einem modernen Menschen

O Gott! Bis man da einen Parkplatz gefunden hat.

*Möchtest du meinen haben?*

Ja, wo stehst du denn?

*Hier. Ich bin zu Fuß gekommen.*

Sehr witzig. Für uns Autofahrer ist es oft bitterer Ernst, in der Stadt einen Parkplatz zu finden.

*Auf der Straße des Lebens seinen Platz zu finden ist erst recht schwer.*

Es gibt ja auch so viele Wegweiser, so viele Richtungen, so viele Wege, so viele Kreuzungen und so viele Sackgassen. Es dauert oft lange, bis man merkt, dass man sich verfahren hat.

*Und umkehren ist nicht einfach.*

Und dann immer wieder diese Umleitungen. Warum geht es nicht schön geradeaus?

*Geradeaus geht es oft gerade schief. Wir brauchen Umwege, um ans Ziel zu kommen.*

Welches Ziel? Ich bin jetzt schon mehr als fünfzig Jahre auf der Welt und weiß immer noch nicht, wozu ich eigentlich unterwegs bin.

*Um deinen Weg zu gehen.*

Und wohin führt mich mein Weg?

*Zu dir selbst.*

Und wie komme ich zu mir?

*Ich kann dir nur sagen, wie es bei mir war. Ich bin durch andere zu Gott und so zu mir gekommen.*

Mir stehen die anderen eher im Weg. Angefangen vom Parkplatz bis zum Arbeitsplatz. Wegen eines lieben Arbeitskollegen komme ich in der Firma nicht weiter. Und ich will doch in meinem Leben so viel Geld wie möglich verdienen.

*Wozu? Was hast du von dem vielen Geld, wenn du nicht zu dir findest? Was nützt es dem Menschen, wenn er die ganze Welt gewinnt und dabei Schaden an seiner Seele nimmt?*

Hat das nicht dieser Jesus gesagt?

*Dieser Jesus bin ich.*

Erzähl mir doch keine Märchen.

*Märchen werden manchmal wahr.*

Du redest wie so ein Erleuchteter. Doch selbst wenn du dieser Jesus sein solltest, kannst du mir nicht beweisen, dass es einen Gott gibt.

*Kannst du mir das Gegenteil beweisen?*

Das kann ich nicht. Aber alles spricht gegen deinen Gott.

*Was zum Beispiel?*

Dass er nicht eingreift und man von diesem Gott gar nichts merkt.

*Sag bloß, du hast ihn noch nie gespürt.*

Meine Frau spüre ich. Aber von Gott spüre ich nichts.

*Gibt es in der Welt nicht viele Spuren Gottes?*

Ich sehe keine.

*Es waren einmal zwei Forschungsreisende. Die kamen zu einer Lichtung im Dschungel, wo viele Kräuter und Blumen wuchsen. Da sagte der eine: »Es muss einen Gärtner geben, der dieses Stück Land bebaut.« Sie schlugen ihre Zelte auf und überwachten die Lichtung. Aber kein Gärtner ließ sich blicken. »Vielleicht ist es ein unsichtbarer Gärtner.« So zogen sie einen Zaun aus Stacheldraht. Aber keine Bewegung des Zaunes deutete jemals auf einen Unsichtbaren hin, der hinüberklettert. Dennoch war der Gläubige noch nicht überzeugt. »Es gibt doch einen Gärtner, unsichtbar, unberührbar, einen, der keine Spur hinterlässt und keinen Laut von sich gibt, der aber heimlich kommt und sich um den Garten kümmert, den er liebt.« Schließlich verliert der Skeptiker die Geduld. »Was ist nun eigentlich von deiner ursprünglichen Behauptung übrig geblie-*

*ben? Wie unterscheidet sich denn dein unsichtbarer, unberührbarer, ewig ungreifbarer Gärtner von einem eingebildeten oder gar von überhaupt keinem Gärtner?«*

Siehst du. Es gibt keinen Gott.

*Aber den gepflegten Garten gibt's. Der Gärtner ist genauso unsichtbar wie die Liebe, aber was sie bewirken, ist spürbar, sichtbar.*

Ich glaube trotzdem nur, was ich sehe.

*Aber du siehst nicht, dass das Eigentliche unsichtbar ist.*

Du willst natürlich darauf hinaus, dass am Anfang von allem der »Gärtner« stand. Fehlt nur noch, dass du mir mit der Schöpfungsgeschichte kommst. Heute weiß doch jedes Kind, dass wir Menschen nicht von Adam und Eva abstammen, sondern im Laufe der Evolution entstanden sind.

*Und darum den Affen nachäffen. Gottes Wege sind wunderbar.*

Noch einmal: Ich brauche keinen Gott. Mir genügt, was die Wissenschaft sagt. Die Biotechnologie kann bald schon das menschliche Gen-ABC entschlüsseln.

*Aber die Wissenschaft hat doch nicht den Schlüssel, der dem Menschen das Geheimnis seines Lebens eröffnet. Warum bin ich? Warum bin ich ich? Warum nicht ein anderer?*

Das ist genetisch bedingt.

*Eine geniale Antwort. Und warum hat Gott dich gerade an der Stelle hingepflanzt, wo du stehst. Und warum nicht woanders?*

Schicksal. Zufall. Ich habe etwas dagegen, dass Gott immer wieder ins Spiel gebracht wird. Gott ist doch nur ein Wort. Ein Wort wie jedes andere. Menschen füllen es mit allen möglichen Inhalten. Allmacht, Liebe, Licht, Schönheit, Gerechtigkeit ... Gott ist alles und nichts.

*Und ohne ihn wäre alles nichts.*

Und mit ihm gibt es eine Welt voller Elend. Erklär mir doch einmal das Leid.

*Das kann ich nicht. Das Leid entzieht sich dem Verstehen. Wir können mit unserem Verstand nicht alles erklären. Es gibt Fragen, die kein Mensch beantworten kann.*

Aber auf die Frage nach Gott gibt es längst eine Antwort. Der Mensch hat sich Gott geschaffen. Um die eigene Ohnmacht ertragen zu können, klammert er sich an einen allmächtigen Gott. Wo ist denn seine Macht?

*Gott ist nicht die Macht, sondern die Liebe. Und wie mächtig die Liebe ist, hast du in deinem Leben selbst wohl schon erfahren.*

Ich gebe zu, dass die Liebe einen ganz schön verrückt machen kann, aber es ist doch nicht die Liebe, die die Welt regiert.

*Sondern?*

Geld. Geld ist die allmächtige Macht. Milliarden Menschen beten den Mammon an.

*Geld ist Gott.*

In God we trust. So steht es auf dem amerikanischen Ein-Dollar-Schein. Der Dollar ist Gott.

*Gott ist ein Amerikaner?*

Ja, die Amis regieren mit ihrem Dollar die ganze Welt und sie bestimmen, wer gut und böse ist.

*Arm und reich.*

Die Armen können einem Leid tun.

*Die armen Reichen auch. Sie sind von ihrem Geld besessen.*

Für Geld kann man aber alles kaufen.

*Und seine Seele verkaufen.*

Seele? Du kennst wohl nicht das Gebet des modernen Menschen: Gott, wenn es dich gibt, rette meine Seele, wenn ich eine habe.

*Von »wenn« kann kein Mensch leben.*

Aber vom Ansehen, das man mit seiner Kohle kauft. Wer Geld hat, gilt was. Hast du was, bist du was.

*Hast du nichts, bist du nichts?*

Als Habenichts kann ich mir nichts leisten, nichts kaufen.

*Kaufen. Kaufen. Kaufen. Als ob du nur auf der Welt wärst, um zu kaufen und zu konsumieren.*

Auf jeden Fall habe ich dann wenigstens etwas vom Leben gehabt.

*Was?*

Ich habe mir einige teure Wünsche erfüllt und mir eine Menge geleistet. Und du?

*Ich habe meinen Platz im Leben gefunden und weiß, wo ich hingehöre.*

Trotzdem möchte ich mit dir nicht tauschen und zu Fuß gehen. Ich drücke lieber aufs Pedal und gebe Gas.

*Wenn du nicht gerade im Stau stehst und auf der Stelle trittst.*

Du weißt selbst: Das Leben ist eine Einbahnstraße auf den Tod zu.

*Aber keine Sackgasse.*

Mit dem Tod ist doch alles aus. Schluss. Ende.

*Das Suchen ist zu Ende, doch spätestens dann kommst du zu dir.*

18

# Die Sehnsucht nach dem Vater

## Gespräch mit einer Psychotherapeutin

Herr Jesus, Sie ...

*Mir wäre es lieber, wenn wir du zueinander sagen.*

Das verbietet die therapeutische Distanz.

*Das ist doch nur ein Vorwand, um sich die Leute vom Leib zu halten. Viele, die zu Ihnen hier in die Praxis kommen, brauchen Nähe, brauchen einen Menschen, der sie in den Arm nimmt. Sie möchten spüren, dass sie angenommen sind.*

Aber nicht alle ertragen so viel emotionale Nähe. Und ich muss mich doch abgrenzen und kann die Grenze zwischen mir und dem anderen nicht aufheben.

*Das brauchen Sie auch nicht. Aber wenn Sie sich hinter einer inneren Wand zurückziehen, verlieren Sie die Tuchfühlung mit Ihrem Gegenüber. Man kann einen Menschen nicht behandeln, ohne ihn zu berühren.*

Es ist oft schwer, das richtige Maß an Nähe und Distanz zu finden.

*Mit zunehmender Distanz wächst die Gefahr, den Leidenden nur als einen Fall zu betrachten. Ich möchte hautnah miterleben, wie der andere leidet.*

Herr Jesus, Ihr therapeutischer Ansatz war Heilung durch Beziehung. Ihr Beziehungsverhältnis zu den Hilfesuchenden war durchdrungen von einer ganz tiefen Liebe zum einzelnen Menschen.

*Die liebevolle Zuwendung von Mensch zu Mensch ist heilsam, bewirkt oft Wunder.*

Von Ihnen ging eine heilende Kraft aus. Sie waren selbst die Therapie. Sie haben die Menschen durchschaut, ihnen bis auf den Grund ihrer Seele geschaut. Wie steht es mit Ihrer eigenen Selbstdurchsichtigkeit? Kennen Sie sich selbst?

*Wer sich selbst nicht kennt, kann andere nicht erkennen.*

Sie haben oft den Finger auf den wunden Punkt gelegt – und waren selbst verwundet.

*Nur der verwundete Arzt kann heilen.*

Sie kamen mit einer tiefen Wunde in der Seele auf die Welt: Ein Kind ohne Vater. Und am Ende Ihrer Passion stand der verzweifelte Schrei nach dem Vater. Die Sehnsucht nach dem Vater durchzieht Ihr Leben wie ein roter Faden. Weil sich Josef nicht als Ihr Vater zu erkennen gab, trieb Sie die Frage um: Wer ist mein Vater? Diese Frage hat Sie in den Tempel getrieben. Dort war Ihr wirklicher Vater zu Hause.

*Eine schöne Theorie.*

Es gibt auch die These, dass Sie eine glückliche Vaterbeziehung hatten und diese auf Gott übertragen haben. Aber dann hätten Sie gesagt: Gott ist wie mein Vater. Ihre Grundaussage lautet aber: Gott ist wie ein Vater. Und darum gehe ich von einem missglückten Vater-Sohn-Verhältnis aus. Psychoanalytisch gesprochen ist die Identifizierung mit Ihrem Vater misslungen.

*Aha.*

Und was für Sie vielleicht noch schlimmer war: Ihre Mutter hat Ihre leidenschaftliche Vatersuche nie verstanden.

*Hat nicht jede Mutter es schwer, die Sehnsüchte ihrer Kinder zu verstehen? Oft wird ein Kind von der Mutter daran gehindert, sein Leben zu leben.*

Aber nicht jede Mutter hat ein so schwieriges Kind wie Sie es waren. Mit zwölf verschwanden Sie für drei Tage nach Jerusalem. Nachdem Ihre Eltern Sie wieder gefunden hatten, sind Sie offenbar nur widerwillig in Ihr Heimatdorf zurückgekehrt.

*Ja, mir waren die familiären Verhältnisse zu eng und das Glaubensleben in Nazaret war mir auch zu engstirnig. Das hat mich schon als Kind gestört. Als ich sieben Jahre alt war, habe ich einmal Schwalben aus Ton geformt und gebrannt. Und das an einem Sabbat! Als die Dorfbewohner heftig protestierten, dass ich den Sabbat entweiht hatte, blies ich die tönernen Gebilde an und sie flogen davon wie lebendige Vögel.*

Sie sagten, Sie seien damals sieben Jahre alt gewesen. Ein normal entwickeltes Kind kann in dem Alter bereits zwischen Fantasie und Wirklichkeit unterscheiden.

*Den Kleinen offenbart Gott, was den Großen und Weisen verborgen bleibt.*

Und deshalb haben Sie sich immer zu den Kleinen und einfachen Leuten hingezogen gefühlt, die Ihnen dann gefolgt sind: Ihre Jünger.

*Jünger ist gut. In Wirklichkeit war es ein dahergelaufener Haufen von Fischern, Frauen, Säufern, Huren, Zöllnern und sonstigen »Zigeunern«.*

Und diese zwielichtigen Gestalten bildeten nun Ihre neue Familie.

*In dieser Familie habe ich mich wohl gefühlt. Das haben meine Verwandten nie verstanden. Sie haben mehrmals versucht mich einzufangen und wieder heimzubringen. Einmal war sogar meine Mutter mitgekommen, um ihren durchgedrehten Sohn in den Schoß der Familie zurückzuholen.*

Und da bekam sie von Ihnen das furchtbare Wort zu hören: Wer ist meine Mutter? Tiefer kann ein Kind seine Mutter nicht verletzen.

*Ich musste meine Mutter hinter mir lassen, um meinen Weg zu gehen.*

Aber Ihre Mutter konnte Sie nicht gehen lassen. Sie konnte sich von ihrem Sorgenkind nicht trennen. Deshalb hat ihr der Trennungsschmerz so wehgetan. Sie hing an ihrem Jeschua.

*Sie konnte mich nicht loslassen. Sie wollte ihren verlorenen Sohn festhalten, für sich behalten.*

Darum mussten Sie sich von Ihrer Mutter losreißen, weil eine normale Ablösung nicht möglich war. Und so haben Sie sich ganz von ihr abgewandt, um weiter nach Ihrem Vater zu suchen.

*Um meiner Sehnsucht nachzugehen.*

Ihr Weg führte zum Jordan. Dort haben Sie sich von Johannes taufen lassen. Und dann hörten Sie die Stimme: Du bist mein geliebter Sohn, an dir habe ich Gefallen. Jetzt wussten Sie endlich, wer Ihr Vater war.

*Jetzt wusste ich: Gott liebt mich ohne Vorbehalt. Es war die reinste Liebeserklärung.*

Und in diesem Augenblick haben Sie zu Ihrer eigenen Identität gefunden. Durch das Schlüsselerlebnis im Jordan wurde Ihnen klar, wer Sie sind: Der Sohn des Vaters. Dabei war die Stimme aus den Himmeln wohl nur das Echo Ihrer eigenen Gedanken.

*Ich habe es nicht erdacht, sondern erlebt, dass Gott mich liebt.*

Diese Liebe ist laut Freud eine Projektion, eine Übertragung auf einen göttlichen Vater, der in Wirklichkeit ein überhöhter Vater, ein Über-Ich ist. Der transzendente Gott ist keine reale Person, sondern nur ein Wunschbild der menschlichen Seele, sagt Freud.

*Die Wunschbilder sind Antennen zum wirklichen Gott.*

Ich halte mich an Freud: Der Glaube an Gott ist eine Illusion.

*Es mag sein, dass jeder Mensch sich Gott zunächst so vorstellt, als sei er ein Abbild der Eltern. Doch diese Illusion wandelt sich und reift bei vielen zu einer seelischen Kraft, die ihnen Halt gibt und sie stark macht.*

Viele brauchen die Illusion Gott, um ihr Leben zu bewältigen. Ich aber nicht. Ich kann auf einen Gott-Vater gut verzichten.

*Wie war denn Ihre Beziehung zu Ihrem Mensch-Vater?*

Mein Vater und ich haben nicht zueinander gefunden. Darum kann ich gut verstehen, dass Sie von Kindesbeinen an Ihren Vater gesucht haben und so durchdrungen waren von der Sehnsucht nach seiner Anwesenheit und Nähe.

*Und wie haben Sie Ihre Vater-Problematik gelöst?*

Ich habe einen Mann geheiratet, der zwanzig Jahre älter ist als ich.

*Auch nicht gerade eine einfache Lösung.*

Ihre Lösung war einfach: Sie haben Gott selbst zu Ihrem Vater adoptiert. Ich und der Vater sind eins. Aus dieser totalen Identifizierung mit dem Gott-Vater wuchsen Ihnen göttlichen Kräfte zu und Sie konnten Krüppel und Kranke heilen.

*Sie können wohl alles erklären. Das kommt mir verdächtig vor.*

Auf jeden Fall ist mir klar, dass die innige Gottverbundenheit Ihnen die innere Sicherheit gegeben hat, mit der Sie Ihre Anhänger so zu beeindrucken wussten.

*Der tiefste Grund meiner Sicherheit war die Gewissheit, dass Gott mich liebt.*

Aber diese Liebe ist doch enttäuscht worden. Wo war denn Ihr liebevoller Vater, als Sie am Kreuz hingen? Sie schreien sich die Seele aus dem Leib und er schweigt. Er greift nicht ein. Doch Sie haben auch dann noch an ihm festgehalten, als er Sie fallen ließ.

*Spricht das nicht für ihn?*

Ihre Verlassenheit am Kreuz spricht gegen einen Vater-Gott. Da zeigt sich doch, dass Freud Recht hat und die Religion eine Illusion ist. Der Glaube entspricht nicht der Wirklichkeit und ist nur ein Fantasieprodukt.

*Irren ist menschlich: Ein Mann verirrte sich in der Wüste. Die unbarmherzige Sonnenhitze hatte ihn ausgedörrt. Da sah er in einiger Entfernung eine Oase. Aha, dachte er, eine Fata Morgana, eine Luftspiegelung, in Wirklichkeit ist aber gar nichts da. Er näherte sich der Oase, aber sie verschwand nicht. Er sah immer deutlicher die Dattelpalmen, das Gras und vor allem die Quelle. Natürlich eine Hungerfantasie, die mir mein halbwahnsinniges Gehirn vorgaukelt, dachte er. Solche Fantasien hat man bekanntlich in meinem Zustand. Jetzt höre ich sogar das Wasser sprudeln. Eine Gehör-Halluzination. Wie grausam die Natur ist. Kurze Zeit später fanden ihn zwei Beduinen tot. Kannst du so etwas verstehen?, sagte der eine zum anderen, die Datteln wachsen ihm beinahe in den Mund, und dicht neben der Quelle liegt er verhungert und verdurstet. Wie ist das möglich? Da antwortete ihm der andere Beduine: Er war ein moderner Mensch.*

# 19 Wo schläft der liebe Gott im Himmel?

## Gespräch mit einem Kind

Du, könntest du mir ein Gefallen tun?

*Ja, natürlich.*

Kannst du mir zehn Euro in sechs Zwei-Euro-Stücke wechseln?

*Das sind keine sechs, sondern fünf Zwei-Euro-Stücke.*

Sonst wäre es auch kein Gefallen.

*Du hast es schon faustdick hinter den Ohren. Könntest du mir auch einen Gefallen tun?*

Das kommt darauf an.

*Kannst du mir sagen, warum es dir gefällt, die Großen so übers Ohr zu hauen?*

Das ist doch ganz einfach. Die Großen tun immer so, als ob sie alles wissen. Dabei können sie nicht einmal die einfachsten Fragen beantworten.

*Zum Beispiel?*

Wo schläft der liebe Gott im Himmel? Oder: Hat meine Oma dort eine eigene Wohnung? Als ich meine Eltern fragte, ob es im Himmel einen Boden gibt, auf dem meine Oma gehen kann, sagten sie mir: Ich soll nicht so dumm fragen.

*Für die Erwachsenen sind alle Fragen dumm, die sie nicht beantworten können.*

Und weißt du, ob es im Himmel einen Boden gibt, auf dem meine Oma gehen kann?

*Du, ich war selbst auch noch nicht im Himmel. Aber bisher ist niemand zurückgekommen. Das zeigt, dass die dort oben alles haben, was sie brauchen.*

Auch mein Zwerghase Herkules?

*Auch dein Herkules hat im Himmel alles, was er braucht. Ihm fehlt dort nichts.*

Aber er fehlt mir. Ich hatte ihn so lieb.

*Du hast ihn immer noch lieb.*

Ja, aber jetzt kann ich nicht mehr mit ihm spielen. Ohne ihn bin ich manchmal ganz traurig. Warum musste mein Herkules sterben?

*Das weiß ich nicht.*

Ist das auch eine dumme Frage?

*Nein, aber es gibt Fragen, die kann niemand beantworten.*

Aber warum stelle ich denn solche Fragen, wenn doch niemand die Antwort weiß? Ist das nicht dumm?

*Nein, wer nicht fragt, ist der Dumme. Er glaubt, dass er schon alles weiß. Dabei weiß er nicht einmal, dass das Leben voller Wunder ist.*

Was ist ein Wunder?

*Ein Wunder ist etwas Wunderbares, was dich staunen lässt.*

Ich staune, dass hier im Garten ein Apfelbaum und ein Birnbaum nebeneinander stehen. Sie stecken beide mit ihren Füßen in der gleichen Erde, sie atmen die gleiche Luft und auf ihre Äste scheint dieselbe Sonne. Der Apfelbaum macht daraus Äpfel und der Birnbaum Birnen. Das ist wunderbar, fantastisch!

*Und die Äpfel und Birnen sind so verschieden in Form, Farbe, Duft und Geschmack. Und das Schönste von allem: Es gibt nicht einmal zwei Äpfel und zwei Blätter am ganzen Baum, die genau gleich sind.*

Warum?

*Weil Gott nichts auf der ganzen Welt zweimal gleich geschaffen hat. Oder kennst du zwei Menschen, die gleich sind?*

Ja. Die Anne und Katrin in meiner Klasse. Die sind Zwillinge und sehen gleich aus. Ich kann beide nicht auseinander halten und verwechsle die eine immer wieder mit der anderen.

*Beide sehen zwar gleich aus, aber sie sind nicht gleich. Jede von den beiden gibt es nur einmal. Einmalig, einzigartig so wie du.*

Warum?

*Weil du einen anderen Teil von Gott in dir trägst als die Anne oder die Katrin. Und dein Zwerghase hat wieder ein anderes Stückchen Gott in sich.*

Aber wenn ich daran denke, wie viele Hasen, Tiere und Menschen es gibt, muss Gott riesig, unendlich groß sein.

*So groß, dass es kein Wort gibt, das seine Größe ausdrückt. Und trotzdem macht der große Gott sich manchmal so klein, dass er in einen kleinen Apfelkern passt und daraus einen Apfelbaum wachsen lässt.*

Und warum macht Gott sich immer wieder so klein?

*Das ist ein Geheimnis. Aber dir sage ich es. Komm, ich flüstere es dir ins Ohr ...*

Aber warum?

*Habe ich doch gewusst, dass du weiter nach dem Warum fragst.*

Gehe ich dir mit meinen Warum-Fragen auch auf die Nerven? Vor kurzem habe ich meinen Vater gefragt: Warum ist die Banane krumm? Darum!, hat er mir wütend geantwortet. Merkst du denn nicht, wie du mich mit deinen blöden Warum-Fragen nervst? Dann ist er aufgestanden und hat die Tür hinter sich zugeschlagen.

*Ja, dein Vater möchte, dass du ihm Fragen stellst, deren Antwort er weiß. Zum Beispiel: Zehn Euro sind wie viele Zwei-Euro-Stücke?*

Das weiß ich selbst.

*Weißt du auch, warum mir Kinder lieber sind als Erwachsene?*

Weil sie kleiner sind?

*Für mich gibt es nichts Größeres als ein Kind. Es entdeckt immer wieder etwas Neues. Ein Kind öffnet mir die Augen. Es sieht manches, was unsereiner nicht wahrnimmt.*

Aber die Erwachsenen haben doch auch Augen.

*Nicht jeder, der Augen hat, sieht. Nicht jeder, der Ohren hat, hört. Nicht jeder, der das Leben hat, lebt.*

Was machen die denn mit ihrem Leben?

*Viele verschlafen ihr Leben und vertun ihre Zeit mit allen möglichen Sachen. Darum haben sie nicht die Zeit, zu leben und zu spielen.*

Spielst du mit mir? Ich sehe etwas, was du nicht siehst? Das geht ganz einfach. Ich sehe etwas, was du nicht siehst, und es ist weiß.

*Das Gänseblümchen?*

Nein.

*Ist es das weiße Haus dort?*

Nein.

*Das Weiß meiner Augen?*

Nein. Soll ich dir helfen?

*Ja, bitte.*

Es kann hoppeln.

*Ist es die Wolke da oben?*

Genau, es ist mein Hase im Himmel. Jetzt kommst du.

*Ich sehe etwas, was du nicht siehst, und es ist rund.*

Der Ball.

*Nein.*

Dein Bauch.

*Ist der rund?*

Nicht gerade. Ist es vielleicht die Sonne?

*Genau. Die Sonne. Sie ist rund wie die Welt. Aber von der Welt sehen wir immer nur ein kleines Stückchen.*

Ja, aber die Sonne sehen wir von Zeit zu Zeit gar nicht. An manchen Tagen verbirgt sie sich hinter den Wolken. Und auch nachts sehen wir sie nicht. Und trotzdem ist sie da.

*Und so ist es auch mit Gott. Manchmal sehen wir von ihm nichts und er ist für uns verborgen. Und dennoch ist er da und umfasst uns mit seiner Liebe wie die Sonne.*

Wir haben gerade im Religionsunterricht das Lied gelernt: »Gottes Liebe ist wie die Sonne. Sie ist immer und überall da.« Komm, wir singen es miteinander!

Gottes Liebe ist wie die Sonne,
sie ist immer und überall da.

1. Streck dich ihr entgegen,
   nimm sie in dich auf.

2. Sie kann dich verändern,
   macht das Leben neu.

3. Mag auch manche Wolke
   zwischen dir und Gottes Liebe stehn ...

4. Gib die Liebe weiter,
   auch an den, der dich nicht lieben will.

# 20 Unseren täglichen Witz gib uns heute

## Gespräch mit einer Kirchenkabarettistin

Hallo Jesus! Wir Kabarettistinnen können froh sein, dass es den lieben Gott und sein Bodenpersonal gibt. Da gibt es viele Witze.

*Erzähl mir einen.*

Die Belegschaft im Himmel hatte Langeweile und wollte einen Betriebsausflug machen. Gehen wir nach Ägypten, sagte einer. O nein, meinte Moses, in Ägypten war ich schon. Das war eine Plage. Ein anderer schlug vor, nach Jerusalem zu gehen. O nein, sagte Jesus. In Jerusalem war ich schon, dort ist es mir nicht gut ergangen. Gehen wir nach Rom, meinte ein anderer. O ja, frohlockte der Heilige Geist. Rom ist gut, da war ich noch nie.

*Ein geistvoller Witz. Der Heilige Geist weht, wo er will. Aber warum nicht in Rom?*

Die römische Kirche ist doch ein Witz, ein Treppenwitz. Oben stehen die hohen Herren und unten wir Frauen. Da gibt es nichts zu lachen.

*Humor ist, wenn frau trotzdem lacht.*

Hahaha. Hahaha.

*Selig die Humorvollen, denn sie haben immer etwas zu lachen.*

Selig die Bekloppten, denn sie brauchen keinen Hammer mehr.

*Wo es an Humor mangelt, fehlt auch die Liebe.*

Das sagst du erst einmal den Glaubenswächtern und Moralaposteln. Die verstehen keinen Spaß.

*Dir sage ich: Auch Gott hat Humor. Er hat dich geschaffen.*

Mit einem Lächeln.

*Unser Vater im Himmel muss oft über die Torheit der Leute lachen. Da stellt sich so ein kleines Menschlein in den Mittelpunkt und tut so, als sei es der Herrgott persönlich.*

Ist es nicht göttlich, wie die kirchlichen Würdenträger ihre Würde zur Schau tragen?

*Viele überschätzen ihr Gewicht. Sie haben es schwer, sich selbst auf den Arm zu nehmen.*

Einer, der das konnte, war das päpstliche Schwergewicht Johannes XXIII. Er sagte: »Giovanni, nimm dich nicht so wichtig.«

*Wer über sich selbst lachen kann, steht über den anderen. Er ist unangreifbar für den Spott seiner Mitmenschen.*

Mir fehlt es oft auch an Selbstironie.

*Kennst du einen Witz über dich?*

Ja, aber den erzähle ich lieber nicht.

*Du möchtest dich nicht lächerlich machen und lachst lieber über andere.*

Und darum bete ich jeden Tag: Unseren täglichen Witz gib uns heute.

*Kennst du den? Ein Farbiger wollte in eine New Yorker Gemeinde aufgenommen werden. Der Pfarrer hatte Bedenken, ob es den Gemeindemitgliedern recht sein würde. »Ich schlage vor, Sie gehen erst mal nach Hause und sprechen mit Gott darüber und warten ab, was Ihnen der Allmächtige dazu zu sagen hat.« Einige Tage später kam der Farbige wieder und sagte: »Herr Pfarrer, ich habe mit dem Allmächtigen über die Sache gesprochen und er sagte zu mir: Bedenke, dass es sich um eine sehr exklusive Kirche handelt. Du wirst wahrscheinlich nicht hineinkommen. Ich selbst versuche das schon seit vielen Jahren, aber bis jetzt ist es mir noch nicht gelungen.«*

Ich sage schon immer: Lieber eine offene Kirche als eine geschlossene Anstalt. Aber ich kann viel sagen. Die Kirche schließt sich immer mehr ab und stellt sich als Knast dar.

*Und Gott ist der Gefängniswärter, der alles sieht und nichts ungestraft lässt.*

Viele Männer und Frauen sind aus dem Kirchen-Knast ausgebrochen. Die Pfarrer fesseln keinen mehr und ihre Predigten sind so langweilig. Früher gab es wenigstens noch das Ostergelächter, doch das wurde abgeschafft, weil die Witze so schlecht waren, die die Pfarrer erzählten.

*Im Ernst?*

Eine Predigt ohne Witz ist witzlos. Wenn ich auf der Kanzel stünde, würde ich das Lachen aus den Gläubigen hervorkitzeln, auch wenn sie durch die Bank nicht kitzlig sind. Es muss ja nicht gleich das große Gelächter ausbrechen. Auch ein schüchternes Lächeln lockert die Gesichtszüge und streichelt die Seele.

*Du würdest mit einem lockeren Spruch anfangen.*

Ich steige auf die Kanzel und sage: Liebe Gemeinde, die Predigt fällt heute aus, denn ich habe euch etwas zu sagen.

*Ganz gespannt hören alle zu.*

Und dann mache ich einen kleinen Witz, einen kirchlichen wohlverstanden: Eine Nonne schiebt einen Kinderwagen. Kommt jemand vorbei und fragt: Ein Klostergeheimnis? Nein, sagt die Nonne. Ein Kardinalfehler.

*Den kannte ich schon.*

Aber ich kenne keinen Witz von dir. Kein Gleichnis reizt zum Lachen. Deine Predigten waren wohl immer sehr ernst, tod-ernst.

*Dabei habe ich den Weinenden das Lachen verheißen.*

Ja, das ist der Witz des Evangeliums. Aber selber sollst du nie gelacht haben.

*Wer sagt denn das?*

Keines der Evangelien berichtet von einem Lachen Jesu.

*Dass ich nicht lache. Kannst du dir eine Hochzeit von Kana vorstellen, ohne dass dabei gelacht wurde? Und die Zöllner und Huren waren alles andere als Kinder von Traurigkeit. Wenn ich mit ihnen am Tisch saß, wurde oft ein Witz nach dem anderen erzählt.*

Ich kann mir aber einen schallend lachenden Jesus einfach nicht vorstellen.

*Nach deiner Vorstellung bin ich also mit einer Leidensmiene durch das Land gezogen und habe den Menschen mit betrübtem Gesicht die Frohe Botschaft verkündet.*

Ich glaube schon, dass du nicht immer so ernst wie Drewermann geschaut hast.

*Der gute Eugen hat auch nichts zu lachen.*

Auch dir wäre in der Kirche das Lachen vergangen und du wärst ausgetreten.

*Oder gegen sie angetreten.*

Ich träume immer noch von einer lachenden Kirche. Doch dazu bräuchte es erst einmal ein Bild von einem lachenden Jesus. Ich kenne nur eines. Da lacht sich der Heiland die Zähne bloß, als ob er für Kukident wirbt.

*Nach dem Motto: Jesus liebt dich – dreimal täglich.*

Der Kukident-Jesus ist typisch amerikanisch. Die Amerikaner sitzen mit einem Bleistift zwischen den Zähnen hinter dem Steuer ihres Autos, um ihre Lachmuskeln zu trainieren. Wenn ich auf der Bühne als Päpstin auftrete, braucht's keine Bleistifte.

*Da hast du die Lacher auf deiner Seite.*

Und die Lacherinnen. Obwohl Frauen bekanntlich intelligenter sind als Männer, lachen sie manchmal auch an der falschen Stelle.

*Manchmal tritt das Lachen an die Stelle des Weinens.*

So ist es auch bei meinem Kabarett. Da werden Tränen gelacht, obwohl die Mutter Kirche im Sterben liegt. Manche glauben, dass Gott selbst tot ist und finden das noch lustig.

*Es war einmal ein Reisezirkus. Kurz vor der Vorstellung geriet er in Brand. Daraufhin schickte der Direktor des Zirkus den Clown in das benachbarte Dorf, um Hilfe zu holen. Zumal die Gefahr groß war, dass das Feuer auch auf das benachbarte Dorf übergreifen würde, denn beide Dörfer waren durch abgeerntete, ausgetrocknete Felder voneinander getrennt. Der Clown eilte in das Dorf und bat die Bewohner, sie möchten eiligst zu dem brennenden Zirkus kommen, um löschen zu helfen. Aber die Dörfler hielten das Geschrei des Clowns lediglich für einen ausgezeichneten Werbetrick, um sie in die Vorstellung zu locken. Der Clown versuchte ihnen klar zu machen, ja, er beschwor sie: Es sei kein Trick, es sei bitterer Ernst, es brenne wirklich. Aber die Dörfler reagierten nicht, sie fanden lediglich, dass der Clown seine Rolle ausgezeichnet spielte. Sie weinten vor Lachen, bis schließlich das Feuer auf ihr Dorf übergegriffen hatte und jede Hilfe zu spät kam.*

Ja, die Welt ist ein Zirkus und du, Jesus, bist sein Clown. Vielleicht tröstet es dich, dass ich auch kein Gehör finde. Ich kann als Päpstin sagen, was ich will, man glaubt mir nicht. Aber man lacht. Mann-o-Mann!

*Gerade der Mann lacht oft über das, was ihm Angst macht.*

Männer haben Angst vor Frauen, Bischöfe vor geweihten Frauen. Und darum lassen sie so eine Mordsdame wie mich nicht auf der Kirchentreppe hochkommen. In den Augen der hohen Herren da oben bin ich doch nur eine sündige Eva, ein Kirchenmitglied ohne Glied, ein weiheunfähiges Geschöpf. So steht es im Kanon 1024 des Kirchenrechts. Das ist doch unter aller Kanone. Und jetzt schießt der Vatikan auch noch gegen feministische Übersetzungen von Bibelstellen und Gebeten.

*Und was habe ich damit zu tun?*

Mit dir hat alles angefangen. Im Anfang war das Wort. Und das Wort war ein Junge. Wenn es ein Mädchen gewesen wäre, hätte Gott-Vater »Scheiße« gerufen. Entschuldigung. »Scheiße« sagt man nicht, ich weiß. Aber es hat sich in den vergangenen 2000 Jahren bei uns Frauen so viel Frust angestaut. Uns reicht's! Wir Frauen lassen uns nicht länger in die Knie zwingen. Wir werden kämpfen, bis wir am Altar stehen.

*Bald wird es so weit sein.*

Was verstehst du unter bald?

*Da fragt einer den lieben Gott: Stimmt es, dass dir tausend Jahre wie ein Tag sind? – Ja, sagt Gott. – Dann sind eine Million Euro für dich wie ein Euro. – Ja, antwortet ihm Gott. – Dann schenk mir doch diesen Euro. – Warte einen Tag, sagt Gott.*